Carsten Colpe
Problem Islam

Terroranschläge, Hinrichtungen, Kriegshandlungen und Morddrohungen bestimmen heute das westliche Bild des Islam. Der Religionshistoriker und Iranist Carsten Colpe nimmt die aktuellen Zeiterscheinungen zum Anlaß, die ideologischen Wurzeln theokratischer Staatsauffassung und des politischen Messianismus aufzuspüren. Colpe geht den historischen und theologischen Ursachen der abendländischen Angst vor einem Islam nach, der heute als »islamischer Fundamentalismus« mit scheinbar neu erwachtem Selbstbewußtsein die Positionen der Aufklärung erschüttert. Kopftuch und Schleier — auch in unseren Städten — sind alltäglich sichtbare Zeichen des Verhältnisses historisch auseinandergetriebener Wertvorstellungen.

Carsten Colpe, geb. 1929 in Dresden, ist seit 1974 Professor für Allgemeine Religionsgeschichte, Historische Theologie und Iranistische Philologie an der Freien Universität Berlin. Gastprofessuren an der Yale University, New Haven/USA, University of Chicago/USA und an der British Academy, London. Veröffentlichungen zur Gnosis, zum Synkretismus, zur Iranischen Mythologie, zur Auseinandersetzung zwischen Antike und Christentum, zum Islam, zu neueren messianischen Bewegungen und zur religionsgeschichtlichen Methode.

Carsten Colpe

Problem Islam

athenäum

CIP-Kurztitelaufnahme der Deutschen Bibliothek

Colpe, Carsten:
Problem Islam / Carsten Colpe. — Dt. Erstausg. — Frankfurt am Main : Athenäum, 1989
ISBN 3-610-08542-8

Deutsche Erstausgabe

Umschlaggestaltung: Karl Gerstner, Basel
Umschlagmotiv: Aus dem Zyklus »Das Leben Mohammeds«, Istanbul 1595
Satz: Poeschel & Schulz-Schomburgk, Eschwege
Druck und Bindung: Bercker, Graphischer Betrieb GmbH, Kevelaer
Printed in West Germany
ISBN 3-610-08542-8

Inhalt

Vorwort

Die folgenden Beiträge sind, mit Ausnahme des zweiten, aus Anlässen entstanden, die gewichtiger waren als die vielen anderen Aufforderungen, möglichst kurz den Islam im Ganzen, und genau so kurz den Islam in Berlin zu erklären. Es war die allgemeine politische Situation seit der iranischen Revolution von 1979, die es seitens verschiedenster Gruppen von Lehrerinnen und Lehrern, Schülerinnen und Schülern, Studentinnen und Studenten, Katechetinnen und Katecheten, Polizistinnen und Polizisten, Angestellten, Mitgliedern von evangelischen und katholischen Kirchengemeinden sowie von politischen Parteien immer wieder zu solchen Aufforderungen kommen ließ. Die Erwartung, es lasse sich alles jeweils an einem Abend oder an einem Wochenende darstellen und erklären, war aus der Not erwachsen, mit einer unbekannten Welt ins Klare zu kommen, um die eigene Arbeit so gewissenhaft wie bisher, aber mit veränderten Perspektiven fortführen zu können. Deshalb mußte man sich auf das schwierige Unternehmen einer Popularisierung der Wissenschaft einlassen und durfte sich nicht auf den scheinbar honorigeren, in Wirklichkeit nur bequemeren Standpunkt zurückziehen, daß dergleichen in jeweils so kurzer Zeit ernsthaft nicht möglich sei. Allerdings kam aus diesem Grunde die Publikation keines einzigen Informationsreferats in Frage, zumal es inzwischen genügend seriöse Veröffentlichungen solcher Art gibt. Geblieben ist das Bedürfnis nach den Arbeiten, die auf besondere Fragen zu antworten versuchen. Dieses hat mir der Verlag nahegebracht. Dafür und für die Herstellung sei ihm, vertreten durch Gennaro Ghirardelli, auch an dieser Stelle Dank gesagt.

Berlin, im Juni 1989 Carsten Colpe

Abwehr und Annahme

Historische und theologische Gründe für die abendländische Angst vor dem Islam

Der Anfang des Problems

Das Abgrenzungsbedürfnis, welches bei uns die Auseinandersetzung mit jener großen Menschengruppe unter den »Ausländern« drinnen und den »Fremden« draußen prägt, die sich zum Islam bekennen, tendiert nicht einfach aus einem spontanen Vorurteil heraus von unvoreingenommener Aufgeschlossenheit zu einer Art von Selbstbehauptung, die nur selten respektabel bleibt und eher für Dummheit und damit für Böswilligkeit anfällig ist. Es stecken auch Gründe dahinter, die man aus der Zeit, in der sie entstanden, verstehen muß.

Wir wollen deshalb einmal zeitlich und sachlich etwas weiter hinter das Wechselspiel zwischen gutwilligen oder toleranzbereiten und apologetischen bis polemischen Positionen zurückfragen, die den unüberschreitbaren Rahmen abzustecken scheinen, innerhalb dessen sich die Diskussion bewegt. »Historische Gründe« — damit meint man zweierlei Gründe: zum einen solche, die selbst ihre Historie, ihre Geschichte haben und umso gewichtiger, eindrucksvoller, »objektiver« erscheinen, je weiter sie darin zurückreichen (vergleichbar »historischen Bauwerken«); zum anderen Gründe, die sich schon in einem historischen Prozeß als solchem bilden und als Ereignisse oder Konstellationen selbst »geschichtlichen« (das heißt nicht zeitlos gültigen) Charakters sind. Die Gründe der letzteren, der mehr »prozessualen« Art können immer wieder neu entstehen; sie sind zugleich Mitvoraussetzungen dafür, daß die ersteren, die Gründe der mehr »manifesten« Art, überhaupt wirksam werden können.

Die »theologischen Gründe« gehören zu beiden Arten historischer Gründe als ganz besondere Produkte mit dazu: Sie berufen sich auf Aussagen, die schon lange bestehen und damit gleichsam dogmatisch geworden sind, und sie entstehen immer neu aus aktuellen Auseinandersetzungen. Befragen wir also, um den richtigen Anfang zu finden, aus dem sich das Weitere entwickeln läßt, die Geschichte für beides.

Wir treffen damit sogleich auf ein zähes Problem in der allgemeinen Geschichtsbetrachtung, das der Periodengrenze zwischen Altertum und Mittelalter. Eine vielverhandelte Frage lautet hier, ob die heidnischen, nach und nach christianisierten Germanen oder die islamischen, der Christianisierung sich widersetzenden Araber es gewesen sind, welche das Tor zur Antike zugeschlagen, beziehungsweise die Pforte zum Mittelalter aufgestoßen haben. Es war namentlich der große belgische Historiker Henri Pirenne (1862-1935), welcher der bis etwa 1920 ungebrochen herrschenden Germanenthese die Araberthese entgegensetzte. Sie war in erster Linie wirtschaftsgeschichtlich begründet: »Indem der Islam ... die seebedingte wirtschaftliche, politische und kulturelle Einheit der um das Mittelmeer gelagerten Länder zerbrochen und damit der antiken Welt ein Ende bereitet habe, sei mit dem Schwinden der ökonomischen Basis für die Macht der Merowinger im fränkischen Reich (482-714) dem karolingischen Hause (714-911) der Aufstieg ermöglicht worden. Mohammed sei so ... ein Wegbereiter für Karl den Großen (768 bzw. 800-814) geworden« (Hübinger, 1968, S. VII f.). Diese These war so durchschlagend, daß sie noch heute ohne Alternative in Schulbüchern steht: »... der Ansturm der Araber brachte die grundlegende Änderung. Er verschloß das Mittelmeer, das bisher seine Rolle als Mittelpunkt der um es gelagerten Welt weitergespielt hatte, er schuf unübersteigliche Schranken zwischen den Völkern, er machte dem bisher wenig gestörten Seehandel ein Ende. Das bewirkte den Zusammenbruch der in antiken Formen betriebenen Wirtschaft, führte das Ende des Geldverkehrs herbei und brachte den Untergang der auch in den germanischen Staaten und in den Frankenreichen weiterbestehenden Laienzivilisation, die als städtische Erscheinung zerfallen mußte, als die Städte untergingen oder bedeutungslos wurden. — Das merowingische Gallien ist also von dem karolingischen Frankenreich durch wirtschaftliche, soziale und politische Unterschiede ebenso getrennt wie durch solche der Bildung. Wie an die Stelle der noch fortbestehenden spätantiken Geldwirtschaft die reine Naturalwirtschaft tritt, so tritt an die Stelle der dem gebildeten Laienstande entnommenen Schicht der merowingischen Beamten die der Geistlichen. Das Eindringen der Araber hat den orbis terrarum zerstört, dem das merowingische Gallien noch angehört hatte« (Lautemann, 1980, S. 30 f.).

Wir brauchen die ganze Periodisierungsfrage nicht zu diskutieren. Für unser Problem kommt es darauf an, daß es sogleich beginnt, als der Islam dem Abendland gegenübertritt, und daß der Moment, in dem es beginnt, nicht nur als der Anfang des Problemes selbst, sondern darüber hinaus so gewichtig ist, daß er als Moment unseres gesamten historischen Epochenbewußtseins zur Debatte steht. Dementsprechend wollen wir zuerst nach manifest gewordenen historischen und theologischen Gründen für die abendländische Angst vor dem Islam zu Beginn unseres Mittelalters fragen und daraus je eine These abzuleiten versuchen. Dasselbe soll dann noch zweimal geschehen, im Blick auf Hoch- und Spätmittelalter und im Blick auf die frühe Neuzeit. Beide Male muß relativ ausführlich auch die positive Sicht der islamischen Welt seitens des Abendlandes zur Sprache kommen, damit die Angst ihren richtigen Ort erhält. Zum Schluß ist zu fragen, wie in der späten, in der von uns gelebten Neuzeit Angst vor dem Islam neu entsteht, und inwieweit die »prozessualen« Gründe dafür den manifest gewordenen von früher gleichen, sie wiederholen und sich eventuell dadurch verstärken.

Frühes Mittelalter

Der Eintritt der Araber in die Weltgeschichte war ein Vorgang, der Voraussetzungen in einer solchen Vielzahl und ein Resultat von einem solchen Ausmaß hatte, daß erst heutige Geschichtsbetrachtung zu einer annähernden Bewältigung in der Lage ist. Selbst diese Bewältigung ist bisher theoretisch geblieben und hat noch zu keiner emotionalen Umorientierung bei den Wissenschaftlern selbst und im Bewußtsein ihres großen Publikums geführt. Es kann nicht verwundern, daß das vor 1250 Jahren erst recht so war. Von den Voraussetzungen wurde vor allem die hervorgehoben, daß ein neuer Prophet, wahrscheinlich ein falscher, ein fernes, barbarisches Volk in die griechisch-römische, christlich gewordene Ökumene hineingetrieben hatte. Vom Resultat war nur die westliche Dimension interessant, sonst wäre die Bestürzung wahrscheinlich noch größer gewesen: also nicht, daß im Jahre 711 auch das Indusgebiet erreicht, sondern nur, daß im gleichen Jahre die Meerenge zwischen Mittelmeer und Atlantik überschritten und damit an seinem südlichsten Punkt Europa betreten worden war. Über Siege bei den beiden größten Städten des Westgotenreiches, Cordoba und Toledo (712), hatten dann bekanntlich die Eroberer ihren Weg ins Frankenreich gefunden, im Jahre 721 bei Toulouse gesiegt und waren erst 732 zwischen Tours und Poitiers von einem fränkischen Heer unter Karl Martell zur Umkehr gezwungen worden. Hören wir gleich dazu einen anonymen Chronisten der Zeit, der ein bis 658 reichendes Geschichtswerk fortsetzt, das dem Franken Fredegar zugeschrieben wird.

(Im Jahre 731 hat ein Herzog Eudo von Aquitanien das Bundesverhältnis gebrochen, in welchem er zum fränkischen Hausmeier Karl Martell gestanden hatte.)

»Als dies dem Fürsten Karl durch Boten gemeldet wurde, sammelte er seine Krieger um sich, setzte über die Loire, verjagte den Herzog, gewann reiche Beute und kehrte dann in seine Heimat zurück. Zweimal war es zur Schlacht gekommen. Als sich nämlich Eudo überwunden sah, rief er das Heidenvolk der Sarazenen gegen Karl und das Volk der Franken zu Hilfe. Die Sarazenen zogen mit ihrem König Abderrhaman aus, drangen über die Garonne nach Bordeaux vor, ließen die Kirchen in Flammen aufgehen, richteten unter der Bevölkerung ein Blutbad an und kamen so bis Poitiers, wo sie die Kirche des heiligen Hilarius niederbrannten, was ich nur mit großem Schmerz vermelden kann. Und nun wollten sie die Kirche des heiligen Martin zerstören. Kühn stellte ihnen da Karl seine Mannen entgegen und stürzte sich als Kriegsheld auf sie. Mit der Hilfe Christi gelang es ihm, ihr Lager zu zerstören und sie zu schlagen. Ihr König fiel, ihr Heer wurde aufgerieben, und Karl konnte über seine Feinde triumphieren.« (Übers. v. Kap. 108 durch J. Bühler bei Lautemann, 1980, S. 37).

Schon dieses kurze Zitat zeigt, daß es um mehr ging, als um einen normalen Krieg innerhalb der bekannten Welt der Fürstentümer und Staaten. Immer deutlicher wird hervortreten — wir können hier keine weiteren Zeugnisse bringen —, daß sich hier ein ganzes System durch ein anderes bedroht fühlte, das man bisher nicht kannte, und das ja auch tatsächlich neu war. Das führt uns leicht zu unserer

1. historischen These:

Die abendländische Angst vor dem Islam ist die Angst des Alten vor dem Jungen. Diese Angst besteht nicht nur, weil das Junge kräftiger ist als das Alte, sondern in diesem Falle außerdem, weil das Junge in acht Jahrzehnten zu einer Größe herangewachsen war, für die das Alte genauso viele Jahrhunderte oder noch mehr gebraucht hatte.

Dieser Grund sollte wiederkehren. Auch später noch ist jeder Phase einsetzenden Niedergangs des Islam eine Periode erstaunlichen und bedrohlichen Wachstums gefolgt. Außer auf militärischem ist der Islam auch auf wirtschaftlichem und sozialem Gebiet gleichsam auf einen Schlag zu einem Reichtum und einer Reife gelangt, mit der er anfangs dem Abendland sogar voraus war, und die das Abendland nach seiner damaligen Stagnation erst Jahrhunderte später, gegen Ende des Mittelalters, einholen konnte.

Die geistige Bewältigung dieses Ringens war häufig nur mit biblischen Mustern möglich. Hören wir dazu noch einmal den Fortsetzer des sogenannten Fredegar:

»Das gewaltige Volk der Ismaeliten, deren Name zu Sarazenen verderbt wurde, erhob sich 737 aufs neue und überschritt die Rhône. Da ihnen Maurontus (der Herzog von Burgund, der auf der Seite der Sarazenen focht) mit seinen Gefährten hinterlistig und heimtückisch beistand, konnten sie sich der Stadt Avignon bemächtigen. Da entsandte der ausgezeichnete Herzog Karl gegen sie seinen Bruder, den Herzog Childebrand, einen sehr regsamen Mann, mit verschiedenen Herzögen und Grafen sowie einem Heer in jene Gegenden. Diese rückten schnell nach Avignon vor, schlugen ihre Zelte auf, besetzten ringsum die Stadt und bereiteten alles für die Entscheidung vor, bis der große Krieger Karl nachkam. Als nun auch dieser die Mauern umzingelt und ein Lager geschlagen hatte, ging man zum Sturme vor. Wie ehedem die Juden gegen Jericho, so warfen sich die Franken unter gewaltigem Kriegsgeschrei und Drommetengeschmetter gegen die Festungswerke und sonstigen Bollwerke, drangen in die Stadt ein, bemächtigten sich ihrer Feinde, erschlugen sie und brachten die Stadt wieder völlig in ihren Besitz.«
(Kap. 109, übers. von J. Bühler, bei Lautemann, 1980, S. 37)

Hier ist außer dem Jericho-Vergleich die Benennung der Muslime als Ismaeliten und Sarazenen interessant. In Wirklichkeit können die Muslime von sich selbst und anderen Ismaeliten genannt werden, weil Ismael als Stammvater der Araber gilt und als erstgeborener Sohn Abrahams auch dessen legitimer Erbe ist, während die Juden zu Unrecht den Isaak dafür ansehen und seine Zweitgeburt dadurch kompensieren, daß sie seine Mutter Sara zur legitimen Gattin Abrahams erklären und Ismaels Mutter Hagar zur Sklavin Abrahams degradieren. In Sure 2,124-129 des Koran wird darauf angespielt, daß Abraham und Ismael von Gott verpflichtet worden sind, das Haus der Kaaba in Mekka zu reinigen und zu einer Gebetsstätte für die Gott und seiner wahren Verehrung Hingegebenen zu machen, und wie dann Abraham und Ismael die Grundmauern der Kaaba neu aufführen und Gott darum bitten, er möge sie beide und ihre Nachkommen zu ihm Ergebenen, das heißt zu Muslimen machen.

Einen ganz anderen Sinn hatte ursprünglich der Name Sarazenen. Er gehörte einfach einem Nomadenvolk, das in der Landschaft Saraka oder Sarakene nördlich und nordöstlich der Sinai-Halbinsel streifte. Die Byzantiner gebrauchten den Namen wohl nach und nach für alle arabisch sprechenden Völker in ihrem Gesichtskreis, und nachdem diese zum Islam übergetreten waren, wurden eben alle Muslime von Außenstehenden Sarazenen genannt, nach den Byzantinern auch von den Abendländern. Die letzteren aber leiten den Namen von der Isaak-Mutter Sara ab; für sie sind Sarazenen »Sara-Leute« (Näheres bei Colpe, 1986, S. 204-208).

Damit hießen also dieselben Leute Sarazenen und stammten von Sara ab, die auch Ismaeliten hießen und von Hagar abstammten. Ein Problem war geschaffen, das vier Jahrhunderte lang die theologische Diskussion beherrschen sollte. Unser Chronist löst es noch am einfachsten, wenn auch gewaltsam, indem er den Namen Sarazenen als eine Verderbnis des Namens Ismaeliten erklärt. Andere machen es sich schwerer. Von Beda Venerabilis (673-735) an quälen sich immer wieder Kommentatoren von Gen. 16,1-16 und 21,9-21 — den beiden biblischen Hauptstellen über Hagar und Ismael — mit den Fragen herum, ob Isaak Ahnherr der Juden oder Vorpräger Christi, oder gerade Ismael Ahnherr der Juden, aber dann auch Vorpräger Mohammeds sei; oder: Wieso gehörten die Leute, die wild waren und aus der Wüste kamen, als Sarazenen, also Sara-Leute, doch mit zum Gottesbund? Dergleichen Überlegungen führen auf unsere

1. theologische These:

Die abendländische Angst vor dem Islam hat einen Grund darin, daß der Islam die vertraute Heilsgeschichte sprengt.

Das galt vielfach in weiterer Hinsicht: Die Araber kamen unter den Fremdvölkern der Bibel — wie Assyrern, Ägyptern, Moabitern — nicht vor, die bei den Propheten ihren Platz in Gottes Heilsplan bekommen hatten. Man war unsicher, ob die Muslime denselben Gott hätten wie die Christen, und ob man sie den Heiden zuordnen sollte oder nicht. Die Lehre von den vier Weltreichen bei Daniel mußte umgeschrieben werden, damit das Araberreich darin die letzte Stelle einnehmen konnte. Man mußte sich klar werden, ob einer, der nach Christus gekommen war, wenigstens als Prophet noch ein wahrer sein könne, wenn er auch als Erlöser nicht mehr in Frage kam. Dieser letzte Punkt ist virulent geblieben bis auf den heutigen Tag.

Hoch- und Spätmittelalter

Hier muß zunächst vom Kulturaustausch zwischen islamisch-arabischer und christlich-lateinischer Welt seit den Kreuzzügen die Rede sein, ehe ein Schluß auf die Motive der Auseinandersetzung gezogen werden kann, die etwas mit Angst zu tun haben.

Das Leben im Orient zur Zeit der Kreuzzüge, also von 1098-1291, darf man sich nicht als einen permanenten Kriegszustand vorstellen. Die fränkischen Kolonisten schon der zweiten Generation betrachteten den Krieg meist nur als notwendiges Übel. Und die Frankenfürsten in Syrien verfolgten oft eine außerordentlich verständnisvolle und liberale Politik. Der Normalzustand bei den Kreuzzügen und Gegenkreuzzügen war der Waffenstillstand, der fast immer auf beiden Seiten durch stillschweigendes Einvernehmen verlängert wurde. Zwischen den fränkischen Baronen und den benachbarten arabischen Emiren wurden von Schloß zu Schloß Beziehungen von hoher Ritterlichkeit unterhalten, von denen sowohl die westlichen Chronisten als auch die arabischen Annalisten manches Zeugnis hinterlassen haben.

So wurde zum Beispiel ein Gesandter des Atabeg von Damaskus, der Emir Ussama, der von sich selbst sagte, er sei ein Ritter ebensosehr wie die Franken, um das Jahr 1140 im fränkischen Königreich von Jerusalem empfangen. Der König von Jerusalem, Fulko von Anjou, die Barone von Jerusalem und Acre (Akko) überhäufen ihn mit Zuvorkommenheit, sie lassen ein Turnier für ihn veranstalten, schenken ihm kostbare Rennpferde und Jagdfalken. Mehr noch: Die Templer nehmen ihn bei sich in Jerusalem auf und tun alles, um ihm in ihrem eigenen Kloster die Ausübung der islamischen Religion zu erleichtern. Und von dem arabischen Reisenden Ibn Dschubair erfahren wir, daß im Jahre 1181 unter fränkischem Regime die religiösen Gebäude der Gegend von Saint-Jean-d'Acre in freundschaftlichem Einvernehmen auf beide Religionen verteilt wurden: Ein Teil der Gebäude diente als Kirche, der andere als Moschee. Ein historisch gewichtigeres Beispiel ist der Vertrag, der im Jahre 627/1229 zwischen dem Sultan Malik al-Kamil und Kaiser Friedrich II. (zugleich König von Jerusalem) geschlossen wurde. Die heiligen Stätten in Jerusalem wurden unparteiisch auf die beiden Religionen verteilt: Die Christen behielten das Heilige Grab, die Muslime den Felsendom auf dem Tempelplatz. Beiden Teilen wurde die Freiheit der Pilgerfahrt zugesichert. Wir wissen auch, daß während der ganzen Dauer der fränkischen Besetzung ein großer Teil der Bevölkerung zweisprachig geworden war: Zahlreiche Barone und Prälaten, ein Wilhelm von Tyrus, ein Onfroi de Toron, ein Renaud de Sidon konnten neben dem Französischen genügend Arabisch, um sich ohne Dolmetscher verständigen zu können.

Trotz dieser vielen höflichen und oft sogar herzlichen Beziehungen fand im fränkischen Syrien keine wirkliche gegenseitige geistige Durchdringung statt. Das kommt daher, daß im 12. und 13. Jahrhundert sowohl die fränkische als auch die arabische Gesellschaft sich nach dem Glaubensstand, den ihre beiden Religionen damals erreicht hatten, als *societates perfectae* verstanden, die schon als solche keinerlei Kompromisse miteinander eingehen durften (nach Grousset, 1955, S. 178-181). So bewirkte dies Nebeneinander der beiden Gesellschaften, was aber schon wichtig genug ist, zunächst nur ein gegenseitiges Kennenlernen des Volks- und Gesellschaftslebens. Speziell vom europäischen Gesichtspunkt aus war es wichtig, daß nun die große Unterschätzung der arabischen Macht und Kultur korrigiert wurde. In dem Maße, wie sich der eigentliche Kreuzzugsgedanke, das Grab Christi und andere Stätten nicht den Ungläubigen zu überlassen, in Achtung vor der Haltung und Gesinnung der Andersgläubigen wandelte, wurde Europa durch zurückkehrende Kreuzfahrer, durch vielerlei Güter der materiellen Kultur, Kenntnisse, geistige und künstlerische Einflüsse bereichert. Es entstand zum Beispiel eine ganze Kreuzzugsdichtung, in der sich die Erlebnisse der Kreuzfahrer widerspiegelten: die Kaiserchronik, das Rolandslied, die Spielmannsepen von Salman und Morolf, von Herzog Ernst und König Rother, die Kreuzfahrerchroniken etwa des Wilhelm von Tyrus oder des Geofroi de Villeharduin. Das geht weiter bis zu Dichtungen, in denen die Beziehung auf die Kriege im Orient und in Spanien ganz unwichtig geworden ist, also zu den Kreuzzugsliedern der nachhöfischen Generation (seit 1228; Beispiel: Kreuzlied des Tannhäuser, in dem die religiöse Thematik zugunsten einer realistischen Beschreibung einer Seefahrt ins Heilige Land nahezu preisgegeben ist) und der Provençalen, um sich dann im großen Epos des Tasso *Gerusalemme liberata* dem Kreuzzugsthema wieder ausdrücklich zuzuwenden. Diese Dichtungen und die Einflüsse des Orients haben zwar kein im heutigen Sinne historisch allerseits zutreffendes Bild des fernen Landes, vor allem nicht die Kenntnis seiner Sprache, vermittelt, ja als Phantasie sind sie sogar die Kehrseite sachlicher Unwissenheit. Dennoch darf man von einer Bereicherung und Neuorientierung der europäischen Bildung sprechen, die einzig und allein durch die Begegnung mit dem islamischen, vor allem dem arabischen Orient zustandegekommen ist.

Die Kreuzzüge leiteten aber noch eine andere Art der Begegnung ein. Da der Islam unter Christen in den von ihm eroberten Gebieten zahlreiche Konvertiten gefunden hatte, und da man andererseits einsah, daß die Begegnung, die der Kampf mit der Waffe zur Folge hatte, zu äußerlich war, um einen Muslim zum Christentum zu bekehren, faßte man den Gedanken zur Mission. Damit ergab sich für die Christen die Notwendigkeit, die Sprache und die religiösen Schriften der Muslime kennenzulernen. Noch ehe die Sache der Kreuzfahrer mit dem Fall Edessas (Dezember 1144) den ersten großen Rückschlag erlitt, erschien 1143 die erste lateinische Übersetzung des Koran. Ihr Urheber war Petrus Venerabilis (1092-1157), Abt von Cluny. Ihn hatte eine Reise im Jahre 1141 nach Spanien geführt, wo er nicht nur die Niederlassungen seines Ordens besichtigte und den Frieden zwischen Alfons VII. von Kastilien und Alfons I. von Aragon vermittelte, sondern auch Gelegenheit fand, die Auseinandersetzungen zwischen Islam und Christentum zur Zeit der Almohaden kennenzulernen. Dabei war er zu der Überzeugung gekommen, daß man die »Häresie Mohammeds« nicht mit den blinden Waffen der Gewalt bekämpfen, sondern mit der Macht des Wortes durch Vernunftgründe in christlicher Liebe widerlegen mußte. Deshalb faßte er den Plan, zunächst den Koran ins Lateinische übersetzen zu lassen. Er traf in der Gegend des Ebro zwei Geistliche, den Engländer Robertus Ketenensis und den Hermannus Dalmata, die Arabisch konnten. Robertus Ketenensis übersetzte den Koran (Dalmata beigegebene Traktate), indem er sich wenig an das Satzgefüge des Originals hielt, sondern den Gedankeninhalt der einzelnen Sinnabschnitte abstrahierte und logisch verarbeitet wiedergab. Daß er dabei trotz aller Ungenauigkeiten meist das Richtige getroffen hat, liegt daran, daß ihm ein »Maure« zur Seite stand, der mit der islamischen Koranexegese vertraut war. Die Bedeutung dieser Übersetzung ist gar nicht zu überschätzen, zumal die Muslime, von der Heiligkeit und Unnachahmlichkeit ihres Heiligen Buches durchdrungen, bei ihrer Ausbreitung auf Übersetzung zu verzichten pflegten. Diese Übersetzung hat fünfeinhalb Jahrhunderte lang in Europa ein durchaus angemessenes Bild vom arabischen Propheten und seiner Lehre vermittelt: Noch 400 Jahre nach ihrer Entstehung, 1543, wurde sie von dem Zürcher Theologen Theodor Bibliander in einem Basler Druck allgemein zugänglich gemacht. Dieser Druck lag der ersten italienischen Übersetzung von Arrivabene 1547 zugrunde. Die italienische Übersetzung wurde 1616 von Salomon Schweigger ins Deutsche, diese wiederum 1641 ins Holländische übertragen. Erst die unvergleichlich bessere Koranübersetzung, welche der Italiener Maracci 1698 veröffentlichte, hat die Übertragung des Robertus Ketenensis endgültig verdrängt (nach Fück, 1955, S. 4-9).

Das ältere Motiv, Muslime zu missionieren, konnte sich schließlich mit dem jüngeren verbinden, Unionen mit den alten Orientkirchen zu schließen, die man unter islamischer Herrschaft angetroffen hatte, so mit den Jakobiten (zu ihnen gehören heute unter anderen die sogenannten Syrisch-Orthodoxen in der südlichen Türkei) und den Nestorianern (zu ihnen gehören heute vor allem die sogenannten Assyrer im iranisch-türkisch-syrischen Grenzgebiet). Beide Motive finden wir am eindrücklichsten vertreten von Raimundus Llullus (1235-1316), einer einzigartigen Gestalt, über den als Theologen, Mystiker, Logiker, Schöpfer der katalanischen Literatursprache (er schrieb außerdem gleich gut Lateinisch und Arabisch), Dichter, Fürstenberater und Sarazenenmissionar gleich viel zu sagen wäre.

Er war 1235 auf der erst sechs Jahre vorher den Almohaden entrissenen Insel Mallorca geboren und sog den kämpferischen Geist der spanischen Reconquista mit der Muttermilch ein. Er erkannte früh, daß gerade die großen christlichen Eroberungen, die um die Mitte des 13. Jahrhunderts den islamischen Herrschaftsbereich auf Andalusien beschränkten, die religiös-politischen Schwierigkeiten der christlichen Fürsten steigerten; der Sieg des Schwertes war seiner Meinung nach erst dann wirklich, wenn die Muslime mit unwiderleglichen Vernunftbeweisen von der christlichen Heilswahrheit überzeugt waren. — Zu seiner Zeit begannen auch die Mongolen, das abbasidische Kalifat zu zerschlagen; das Abendland betrachtete sie deshalb als seine natürlichen Verbündeten, zumal es unter ihnen bis in die herrschenden Kreise hinein Christen gab. Durch einen nestorianischen Abgesandten Rabban Sauma (1287) und durch die franziskanischen und dominikanischen Abgesandten Johannes Carpino, Andreas von Longjumeau und Wilhelm von Rubruk erfuhr man, daß die Mongolen in Religionsdingen indifferent waren und Muslime, Juden und Buddhisten duldeten, und daß eben deshalb auch die Lage der Nestorianer und Jakobiten unter ihnen nicht ungünstig war. Hier erkannte Llullus eine einzigartige

Gelegenheit, sowohl Mission unter Mongolen und Muslimen zu treiben als auch die orientalischen Christen für eine Union mit Rom zu gewinnen. Erfolge waren seinen Vorschlägen freilich nicht beschieden. Jedoch hat er in Schriften, Eingaben und praktischer Tätigkeit (Beratung von Fürsten zu Anstaltsgründungen, Vorträge) unendlich viel für die Kenntnis des arabischen Orients in Europa getan. Fünf Jahre vor seinem Tode, im Jahre 1311, erlebte er die Genugtuung, daß das Konzil von Vienne beschloß, es sollten an den Universitäten zu Rom, Paris, Oxford, Bologna und Salamanca je zwei Lehrer für Griechisch, Hebräisch, Arabisch und Aramäisch angestellt werden (Fück, 1955, S. 16-21).

In den einhundert Jahren bis zur Kindheit des Raimundus Llullus nimmt das Wissen über den Islam ständig zu. Llullus selbst integriert es in ein schlechthin universales Denksystem. Er macht Wissen und Weisheit in verschiedenen Bezügen seiner *Ars magna* selbst zum Thema. Mit einer einfacher plazierten Ausführung soll er uns zum Auffinden eines zweiten historischen Angstmotivs anleiten. In seinem bedeutendsten apologetischen Werk, dem *Buch vom Heiden und den drei Weisen*, läßt er einen Juden, einen Christen und einen Sarazenen mit einem Heiden disputieren. Bemerkenswerterweise macht er an zentraler Stelle gerade den Sarazenen zum Repräsentanten der Weisheit und Kritiker des Wissensstolzes.

»Der Sarazene sprach zu dem Heiden: ›Mohammed war ein ungebildeter Mann, der weder lesen noch schreiben konnte, und gerade ihm offenbarte Gott den Koran, ein Buch von großer Weisheit und von der schönsten Komposition, die es gibt oder geben könnte; denn alle Menschen der Welt, oder alle Engel und Teufel, könnten kein so schönes Werk verfassen wie den Koran, der unser Gesetz ist. Da nun jene Menschen, die die Weisheit stolz und großsprecherisch gemacht hat, gewöhnlich auf diejenigen herabblicken, die weniger weise sind, deshalb wünschte Gott den Mohammed aufzuklären, der so große Weisheit hatte, daß er in der Lage war, den Koran bekanntzumachen, der das Wort Gottes ist, ohne stolz zu werden, um Hochmut und Prahlerei zu zerstören; dafür dient die Demut Gottes als Beispiel, der so die Weisheit und Demut in Mohammed zu erhöhen wünschte. Und da Mohammed an Weisheit und Demut groß war, ist mit dieser Größe kundgetan, daß er ein Prophet war.‹«
(Nach der englischen Übersetzung bei Bonner, 1985, S. 263 f.)

Der Christ argumentiert in seiner Antwort gegen das Prophetentum des Mohammed rein christologisch und geht auf das Weisheitsargument nicht ein. Llullus bewältigt mit seinen Worten einen Topos, der den ganzen Koran durchzieht, nämlich daß Gottes Worte und Taten nicht einfach nur geglaubt werden müssen, sondern daß sie einsichtig sind. Das Bekanntwerden mit dieser Rationalität stand im Wechselverhältnis mit einem einzigartigen Vorgang, den wir eigentlich viel ausführlicher behandeln müßten: der Vermittlung der griechischen Wissenschaft, Bildung und Philosophie durch die Araber an den lateinischen Westen. Was die Araber wirklich wußten, das konnte man in Spanien von ihnen lernen und mit dem kümmerlichen Eigenen vergleichen. »Dies ist das erstaunlichste Ereignis in der Geistesgeschichte, ebenso wie der Aufstieg des Islam als politische Macht das erstaunlichste Faktum in der Geschichte der Institutionen darstellt. Der Islam schwelgte im Überfluß, während dem Abendland nur die Kirchenväter, die klassischen und nachklassischen Dichter sowie die lateinischen Schulmeister blieben — Werke von beeindruckender Gediegenheit, die aber, zumindest im frühen Mittelalter, nicht gerade sehr aufregend waren. Ein Vergleich der Literaturkataloge des Abendlandes mit der Liste jener Bücher, die den muslimischen Gelehrten zur Verfügung standen, wirkt auf den Abendländer schmerzlich. Die lateinischen Gelehrten des zwölften Jahrhunderts, die diesen Unterschied als erste erkannten, traf diese Einsicht wie ein Schlag« (Southern, 1981, S. 14).

Der englische Historiker, von dem dieses Urteil stammt, hat die Unwissenheit der vier Jahrhunderte von 700-1100, in der das Abendland dem Islam gegenüberstand, die »Unwissenheit des begrenzten Raumes« genannt. Sie bestand, wohlgemerkt, nicht nur in der Unkenntnis des Islam als solchem, sondern auch all des eigentlich ins klassische Altertum Europas gehörigen Wissens, das bereits Bestandteil der islamischen Kultur geworden war. Der Unwissenheit des begrenzten Raumes folgten dann mit den Kreuzzügen vier Jahrzehnte (1100 bis 1140) »Unwissenheit der siegreichen Phantasie« (Southern, 1981, S. 17, 25-28). Das meiste von dem, was wir oben gehört haben, gehört mit dazu, so positiv auch die Stellung zum Islam ist, die man daraus ablesen kann.

Erst dann beginnt die Rezeption des antiken und islamischen Wissens, und je weiter sie fortschreitet, desto mehr wird auch das Ausmaß der Unwissenheit bekannt, in der man sich bis dahin befunden hatte. Das war der Schlag oder Schock, von dem der englische Historiker spricht, und darin scheint noch mehr als in theoretischer Neugierde der Stachel bestanden zu haben, der zu noch umfassenderer Ausweitung des neuen Wissens antrieb. Raimundus Llullus steht unstreitig auf dessen Höhe, aber selbst sein System hält innerhalb der Logik des Universums für das islamische Wissen einen Status fest, der höher steht als der abendländische viereinhalb Jahrhunderte gestanden hatte, und hinter den man Angst hat zurückzufallen, damit sich die eigene, nunmehr enthüllte Unterlegenheit nicht wiederholt. Wenn Raimundus Lullus auch selbst keine Angst hatte — er starb wahrscheinlich auf dem Schiff nach Mallorca an den Folgen einer Steinigung, die ihm widerfuhr, als er sich in Tunesien in eine gefährliche Situation begeben hatte —, so läßt er doch vielleicht erkennen, was wir fassen können in eine

2. historische These:

Die frühe »weltanschauliche« Angst vor dem Islam ist die Angst des Unwissenden vor dem Wissenden.

Die ihrer selbst gewisse Rationalität, die am islamischen Denken bis heute auffällt und beeindruckt, macht insbesondere in der Theologie dem Christen zu schaffen, der es mit der Dialektik von Gesetz und Evangelium, mit Trinität und Zweinaturenlehre, mit Widersprüchen zwischen Glauben und Wissen und mit Paradoxien zu tun hat. Um dies zu illustrieren, machen wir einen Sprung ans Ende des Mittelalters, zu dem Philosophen und Kardinal Nikolaus von Kues (1401-1461), den man ebenso als einen ersten großen Vertreter der Neuzeit ansehen kann. Die durch die Kreuzzüge vermittelte Erfahrung der einander begegnenden oder sich aufhebenden Ansprüche von Judentum, Christentum und Islam ist bei ihm noch ganz lebendig, und er weitet sie zur Frage nach der Einheit und Verschiedenheit der Religionen überhaupt aus. In seiner Schrift *De pace fidei* (»Der Friede im Glauben«, 1453) läßt er darüber siebzehn Vertreter zu Worte kommen, außer einem Araber, einem Perser und einem Türken auch einen Deutschen, einen Armenier, einen Böhmen und einen Engländer. Für den Koran, den er in der Übersetzung des Riccoldus vor sich hatte, interessierte er sich besonders und schrieb eine *Cribratio Alchorani* (»Prüfung des Korans«), in der er aus dem Koran das Evangelium als wahr beweisen will. In der Vorrede zu diesem Werk lotet er, darin durch die moderne Wissenschaft noch nicht übertroffen, von der koranischen in eine orientkirchliche Christologie zurück, die durch Mission in Mekka bekannt geworden sein muß, und sagt von Mohammed unter anderem:

»Wenn er Gutes über die Christen sagt, versteht er darunter die Weißgekleideten — so nennt er nämlich die Jünger — und die Christusgläubigen, wofür er die Nestorianer hält, von deren Irrglauben er nichts wußte. Andere Christen kannte er nicht. Nestorius aber nahm alles an, was im Evangelium steht, und daß in Christus Körper, Seele und Gottheit waren; bezüglich der Art der Vereinigung aber irrte er. Er bekannte auch, daß Körper und Seele in einer natürlichen Einung geeint wurden, so daß Christus ein wahrer Mensch war. Dieser Mensch jedoch, so sagte er, wurde der Gottheit durch die Gnade vereint, nicht aber durch die allgemeine Gnade, durch welche die Guten mit Gott geeint werden, sondern durch die Fülle der Gnade, durch die der Wille Gottes und der Wille des Menschen Jesus einer gewesen sei. Um dieser Überfülle der Gnade willen sei es wahr, von Christus zu sagen, er sei der Sohn Gottes. Er gab jedoch nicht zu, daß Maria die Mutter Gottes sei, weil das, was in Christus als von seiner Mutter empfangen sich findet, nicht Gott zukommt. So wollte er, daß die menschliche Natur in Christus vergöttlicht worden sei. Und weil das Evangelium sagt, daß das Wort Gottes Fleisch geworden ist, nicht aber, daß das Fleisch Wort Gottes geworden ist, darum verurteilte die Kirche im dritten und vierten allgemeinen Konzil diese Auslegung und gab der Mutter Jesu den Namen Theotokos, das ist Gottesgebärerin«.
(Übers. von D. und W. Dupré in der Ausgabe von L. Gabriel, Bd. 3, 1964-67, S. 811)

Des weiteren weist Nikolaus von Kues nach, inwiefern die ewige Zeugung des Logos neben der reinen Menschennatur des Mariensohnes bei Nestorius und bei Mohammed übereinstimmen, und findet so auch im Koran die »Wahrheit des Evangeliums«. Aber dennoch ist für ihn

Mohammed von »einem wahren Verständnis des Evangeliums weit entfernt«, und indem er sich mit ihm auseinandersetzt, setzt er sich zugleich mit einer christlichen Lehrmeinung auseinander, die er für falsch hält. Das führt uns zu einer

2. theologischen These:

Die christliche Angst vor dem Islam hat einen Grund darin, daß die islamische Theologie in der Christologie, der Prophetenlehre und der Lehre von den Letzten Dingen problemlos Positionen vertreten kann, die seitens einer christlichen Rechtgläubigkeit als Ketzerei gelten müssen.

Noch im heutigen christlich-islamischen Dialog macht sich die Verwandtschaft zwischen christlichem und islamischem Glauben immer wieder bemerkbar, und sobald beide Seiten dessen inne werden, bestätigen sie durch ihre Reaktionen die alte Wahrheit, daß Verwandte sich schwerer verstehen als Fremde. Auf christlicher Seite erwacht gerade dann, wenn man nicht positionell sein will, die Angst, man könne in Zugeständnisse an den islamischen Partner abgleiten, die in der christlichen Theologie fundamentalistische Entstellungen sein würden.

Frühe Neuzeit

Nikolaus von Kues erlebte noch, wie sich vom Südosten Europas her zu wiederholen schien, was sich siebenhundert Jahre früher vom Südwesten her zugetragen hatte: Wieder drohte eine Eroberung durch muslimische Heere, aber diesmal waren es keine Araber, sondern Türken. Sie waren nach den Persern in Zentralasien Muslime geworden, waren nach Errichtung verschiedener Herrschaften Ende des 10. Jahrhunderts an den Ostgrenzen von Byzanz erschienen und begannen unter der Dynastie der Seldschuken seit dem Ende des 11. Jahrhunderts, Byzanz Stück um Stück zu verkleinern. Die Solidarität des christlichen Abendlandes mit den östlichen Glaubensbrüdern war nicht groß, ja in den Jahren 1203 und 1204 eroberten Kreuzfahrer Konstantinopel, als handele es sich um eine islamische Stadt. Knapp hundert Jahre später wird man es mit einer neuen, wirklich islamischen, türkischen Dynastie zu tun bekommen, den Osmanen. Im Jahre 1361 ist zwischen Euphrat und Donau vom ganzen byzantinischen Reich praktisch nur noch die Hauptstadt Konstantinopel übrig, und sie wäre vielleicht schon im Jahre 1402 oder bald danach gefallen, wenn die osmanischen Türken nicht in der Schlacht bei Ankara einmal einem noch östlicheren Volk, den Mongolen, erlegen wären. So verzögerte sich der Fall Konstantinopels nochmals um fünfzig Jahre (1453). Aber daß Rettung durch eine jenseits der Türken beheimatete Macht grundsätzlich möglich war, blieb im Bewußtsein.

Damals lief in Europa ein merkwürdiges Schriftstück um, wir würden heute sagen: eine Fiktion oder eine Fälschung. Das Dokument gab sich als Brief eines Priesterkönigs Johannes an den Kaiser von Ostrom, der auf diese Weise von der Macht, dem Reichtum und der Vollkommenheit eines christlichen Großreiches »am anderen Ende der Welt« Kunde erhalten sollte. Dieser Brief ist zwar schon runde 300 Jahre früher entstanden, er hätte uns also auch über eine Angst und eine Hoffnung zwischen dem zweiten (1147-49) und dem dritten Kreuzzug (1189 bis 1192) Aufschluß geben können, aber zu Taten treibt er erst jetzt: Prinz Heinrich der Seefahrer (1394-1460) macht sich für die Portugiesen auf, den Priester Johannes zu suchen, gewiß in erster Linie mit dem Zweck, gleichzeitig den Warenhandel auszuweiten und wissenschaftliche Neugier zu befriedigen, aber eben auch, um zu erkunden, wie groß die Macht der Mauren in Afrika/Asien war — eine klare Trennung zwischen Abessinien und Indien kannte man bis dahin nicht —, und ob es in anderen Erdteilen einen christlichen Fürsten gebe. Welche historische Person und welche Verhältnisse hinter dieser Gestalt wirklich stehen, ist umstritten; sehr wahrscheinlich ist, daß bei der Legendenbildung die historische Tatsache mitgespielt hat, daß einige Mongolenherrscher nestorianische Christen waren. Als die Türken im Jahre 1402 den Mongolen unter Timur Lenk (1336-1405) erlagen, rückte dieser für die, welche den Johannesbrief kannten und weiterschrieben, in die Rolle des östlichen Retters ein, obwohl er selbst Muslim war.

Folgendes hatte »Priester Johannes« im 12. Jahrhundert unter anderem geschrieben:

»... Wenn Du aber die Größe und Besonderheit unserer Erhabenheit zu erkennen begehrst und wissen willst, in welchen Ländern unsere Macht regiert, vernimm und glaube ohne Zögern, daß ich, Priester Johannes, der Herr der Herrscher bin und alle Könige der gesamten Erde mit sämtlichen Schätzen, die unter dem Himmel sind, an Tugend wie an Macht überrage. 72 Könige sind uns tributpflichtig. Ich bin ein frommer Christ, und wo immer christliche Arme von unserer Herrschaft der Milde regiert werden, schützen wir sie und unterstützen sie mit Almosen. Wir haben das Gelübde getan, das Grab des Herrn mit einem sehr großen Heer, wie es für den Ruhm unserer Größe angemessen ist, zu besuchen, die Feinde des Kreuzes Christi zu demütigen und zu bekämpfen sowie seinen heiligen Namen zu verherrlichen. Über drei Indien herrscht unsere Hoheit, und unser Land erstreckt sich vom jenseitigen Indien, in dem der Leib des heiligen Apostels ruht, über die Wüste hinweg bis zum Aufgang der Sonne und reicht im Westen bis zum verlassenen Babylon nahe dem Turmbau zu Babel ... An unserem Tisch speisen mit uns alle Tage an unserer Seite zur Rechten 12 Erzbischöfe, zur Linken 20 Bischöfe, außerdem der Patriarch von St. Thomas und der Protopapas von Samarkand sowie der Erzprotopapas von Susa, wo unser Thron und der Sitz unseres Ruhmes seinen Platz hat und der Kaiserpalast steht. Jeder von ihnen geht in monatlichem Wechsel zu sich nach Hause, die übrigen weichen nicht von unserer Seite. Äbte aber nach der Zahl der Tage im Jahr dienen in unserer Kapelle und gehen in monatlichem Wechsel an ihren eigenen Platz, und andere kehren in gleicher Anzahl an jedem Monatsbeginn zu unserer Kapelle zurück ...«
(Übers. A.-D. v. den Brincken).

Die verschiedenen Fassungen und Interpolationen, die der Brief durch vier Jahrhunderte hindurch erfuhr — noch 1530 werden Karl V. bei seiner Kaiserkrönung in Bologna Briefe des Priesters Johannes überreicht —, spiegeln nicht nur Utopie und Wunschträume des Abendlandes, sie spiegeln auch seine Ängste wider. Wir wagen eine

3. historische These:

Die neuzeitliche Angst vor dem Islam ist die Angst des Belagerten, der auf Entsatz von außen hofft und unsicher ist, ob er ihn bekommen wird.

Heute ist es Realpolitik, sich zu verschaffen, was früher nur Hoffnung war. Immer wieder finden Staatsmänner ihren Priester Johannes jenseits des bösen Nachbarn und verbünden sich mit ihm, um den gemeinsamen Gegner in die Zange zu nehmen. Und wo das so einfach nicht mehr geht, weil die Welt komplizierter geworden ist, da werden auch kompliziertere Entlastungsmechanismen geschaffen und in Gang gesetzt. Den iranisch-irakischen Krieg hielten die reichen Nationen durch gezielte Fehlinformationen und Waffenlieferungen an beide Seiten in Betrieb, um den Druck, der von panarabischem Nationalismus und von panislamischem Sendungsbewußtsein gleichermaßen zu befürchten ist, so weit wie möglich zu mildern.

Ein Jahr, bevor Karl V. bei seiner Krönung durch »Priester Johannes« ermutigt wurde, 1529, standen die Türken das erste Mal vor Wien. Martin Luther hat sich mit der Herausforderung, die dieses Ereignis auch für die Reformation der Kirche und den evangelischen Glauben bedeutete, mehrfach auseinandergesetzt. Schon 1528 schrieb er *Vom Kriege wider die Türken* (WA 30,2, S. 81-148). Im Jahr der Belagerung brachte er *Eine Heerpredigt wider den Türken* heraus (WA 30,2, S. 149 bis 197). Noch ein Jahr später, 1530, versah er einen anonymen, zuletzt als Inkunabeldruck aus dem Ende des 15. Jahrhunderts kursierenden *Libellus de vita* (var.: *ritu*) *et moribus Turcorum* mit einer Vorrede, in der er unter anderem, nicht ganz gerecht, dem Nikolaus von Kues vorwirft, aus der Koranübersetzung des Riccoldus nur das Absurde und Schändliche, nicht aber das Gute herausgeholt zu haben (WA 30,2, S. 198-208). Luther ist der Sache zwölf Jahre später, 1542, auf den Grund gegangen, indem er eine lateinisch verfaßte Widerlegung des Koran desselben Riccoldus — er erscheint auch unter der falschen Namensform Riccardus — ins Deutsche übersetzte: *Verlegung des Alcoran Bruder Richardi, Predigerordens, verdeutscht und herausgegeben* (WA 53, S. 261-396). Danach, 1543, wandte er sich der oben erwähnten Neuausgabe der Koranübersetzung des Robertus Ketenensis durch Theodor Bibliander zu und schrieb zu ihr eine Vorrede (WA 53, S. 561-569).

Wenn man diese Schriften heute wieder liest, dann lassen sie sich zwar nicht direkt auf unser Verhältnis zu den Türken unter uns anwenden, wohl aber zwingen sie dazu, sich ganz neu mit Luthers Lehre von den Zwei Reichen oder Regimenten auseinanderzusetzen. Diese steht durchgehend hinter den Türkenschriften, aber sie liefert ebensowenig einen einfachen Schlüssel zu deren Erklärung, wie sie Kontroversen in den großen Epochen des Streites um weltliche Ordnungen, um Christ und Obrigkeit, um Staat und gerechten Krieg überflüssig gemacht hat: Das waren die altlutherische Orthodoxie mit dem landesherrlichen Kirchenregiment, das 19. Jahrhundert mit dem christlich-paritätischen Verfassungsstaat, der Kirchenkampf zwischen Bekennender Kirche und Deutschen Christen und die Auseinandersetzung um die Stellung der Kirche zur Wiederbewaffnung und zur nuklearen Rüstung nach dem Zweiten Weltkrieg. Die Epochen mit ihrer je eigenen Staats- und Rechtsauffassung sind immer kürzer geworden, die Problematik hat sich von einer zur anderen immer schneller verändert. Ich meine, man sagt nicht zuviel, daß in den frühen siebziger Jahren schon wieder ein solcher Wandel stattgefunden hat. Die neue Problematik ist eben die, die mit Aufgaben des Zusammenlebens zusammenhängt, die durch fünfzehn Millionen Flüchtlinge in aller Welt, durch Arbeitsmigrationen in bisher nicht gekanntem Ausmaß, durch globale Verbindungen zwischen allen regionalen Problemen gestellt werden. Unser Thema »Angst vor dem Islam« ist ein Teil dieser Problematik. Angesichts dessen rückt auch Luther in die Ferne der anderen historischen Quellen, aber er stellt doch die ethische Frage noch einmal neu. Wir greifen zentrale Aussagen aus der »Heerpredigt wider den Türken« heraus; die Fragen, die sich ergeben, kommen durch Berücksichtigung der neuen großen Zusammenhänge zustande, ohne daß das heißen kann, die Fragen der frühen Epochen der Rezeption von Luthers Rechtfertigungslehre seien ausdiskutiert.

Die Türken sind nicht einfach abzulehnen, denn sie halten der moralisch verkommenen, ohne Furcht und Ordnung lebenden Christenheit Europas den Spiegel vor und zwingen sie, und sei es im Auftrag des Teufels, zu dem Gehorsam gegen Gott, den sie in Christus nicht üben wollten.

»Wolan, so wird dichs der Türcke wol lernen, Wenn er yns land kömpt und thut dir wie er izt vor Wien gethan hat, Nemlich, das er keine schetzung noch reise von dir fordert, sondern

steckt dir haus und hoff an, nympt dir vihe und futter, gellt und gut, sticht dich zu tod (wo dirs noch so gut wird), schendet odder würget dir dein weib und töchter für deinen augen, zuhacket deine kinder und spiesset sie auff deine zaunstecken, Und must dazu, das das ergeste ist, solches alles leiden und sehen mit bösem verzagtem gewissen als ein verdampter unchrist, der Gott und seiner öberkeit ungehorsam gewest ist, odder füret dich sampt yhn weg ynn die Türckey, verkeufft dich daselbs wie einen hund, ...«
(WA 30, 2, S. 182)

Luthers besonderes Interesse gilt den Christen, die in türkische Gefangenschaft geraten sind; sie sind immer noch besser dran, als die, die unter dem Papst leben müssen. Sie sollen den zweiten Artikel des Glaubensbekenntnisses festhalten und danach leben:

»Und durch diesen artickel wird unser glaube gesondert von allen andern glauben auff erden, Denn die Jüden haben des nicht, Die Türcken und Sarracener auch nicht, dazu kein Papist noch falscher Christ noch kein ander ungleubiger, sondern allein die rechten Christen. Darumb, wo du ynn die Türckey komest, da du keine prediger noch bücher haben kanst, da erzele bey dir selbs, es sey ym bette odder ynn der erbeit, es sey mit worten odder gedancken, dein Vater unser, den Glauben und die Zehen gebot ...«
(a. a. O., S. 186).

Angesichts des würdigen Lebens, das die Türken führen, ist das besonders schwierig:

»Unter andern ergernissen bey den Türcken ist das wol das fürnemeste, Das yhre priester odder geistlichen solch einen ernst, dapffer, strenge leben füren, das man sie möcht für Engel und nicht für menschen ansehen, das mit allen unsern geistlichen und mönchen ym Bapstum ein schertz ist gegen sie. Offt werden sie auch entzückt, auch uber tissch bey den leuten, das sie sitzen als weren sie tod, Thun auch zuweilen grosse wunderzeichen dazu, Wen solt nu solchs nicht ergern und bewegen? ...

Zum andern wirstu auch finden das sie ynn yhren kirchen offt zum gebet zu samen komen und mit solcher zucht, stille und schönen eusserlichen gebeerden beten, das bey uns ynn unsern kirchen solche zucht und stille auch nirgent zu finden ist. Denn da sind die weiber an sonderlichem ort und so verhüllet, das man keine kan ansehen, das auch unsere gefangen brüder ynn der Türckey klagen uber unser volck, das nicht auch

ynn unsern kirchen so still, ordenlich und geistlich sich zieret und stellet.«
(a. a. O., S. 187)

Luther hat keine Möglichkeit, gute Werke des Christen inhaltlich so anzugeben, daß man diesen daran empirisch erkennt. Der Christ kann nicht demonstrieren, daß er besser ist als der Türke. Luther muß seinen mittelalterlichen Teufelsglauben aufbieten, um zu dem gewünschten Unterschied zu kommen:

»Du aber, wenn dir solche fürkomen, So wisse und gedencke, das sie dennoch nichts von deinem artickel odder von deinem Herrn Jhesu Christo wissen noch halten. Darumb so mus es falsch sein, Denn der teuffel kan auch ernst sein, saur sehen, viel fasten, falsche wunder thun und die seinen entzücken, Aber Jhesum Christum mag er nicht leiden noch hören. Darumb so wisse, das solche Türckische heiligen des teuffels heiligen sind . . .«
(a. a. O., S. 187)

Fazit:

»Das sey von der vermanung an die gefangene, auff das sie ym glauben feste bleiben widder alle ergernis und anfechtungen. Nu wollen wir sie auch trösten das sie gedültig sein sollen ynn yhrem gefengnis und alle yhr elende umb Gottes willen williglich leiden und tragen. So mercke nu: Wo es Gott verhenget, das du vom Türcken gefangen, weggefurt und verkaufft wirst, das du must yhres willens leben und ein knecht sein, So dencke, das du solch elende und dienst von Gott zugeschickt gedüldig und willig an nemest und umb Gottes willen leidest, und auffs aller trewlichst und vleissigest deinem herrn (dem du verkaufft wirst) dienest, unangesehen, das du ein Christ und dein herr ein heide odder türcke ist . . .«
(a. a. O., S. 192)

»Denn wie böse kans denn sein, einem Türcken odder heiden zu dienen, so fern du gleubig und ein Christ bist und bleibest? Mus doch hie bey uns mancher dienen einem buben, tyrannen odder bösen herrn, Ja wie müssen wir thun unter dem Bapstum, da unser tyrannen uns fangen, zwingen, verjagen, treiben, brennen, köpffen, erseuffen und erger mit uns handeln denn die Türcken mit dir thun: Noch müssen wir weichen, dulden, leiden, dienen, helffen, raten, beten, heben und tragen, Welchs du alles mit uns wagen und warten müstest, wo du mit uns woltest ein Christ sein und Christum bekennen. Denn der Bapst ynn

dem stück viel erger ist, denn der Türcke. Der Türcke zwinget doch niemant Christum zu verleugnen und seinem glauben anhangen Und wenn er gleich auffs höhest wütet mit leiblich morden an den Christen, so thut er damit nichts (so viel an yhm ist), denn das er den hymel vol heiligen machet.«
(a. a. O., S. 195)

Luthers Mahnung geht hier also bis zum Martyrium. Eine eindrücklichere Darlegung des Lebens »im Reich« oder »unter dem Regiment« Christi läßt sich nicht denken.

Dem stehen nun, für Luther selbstverständlich, Mahnungen an die Obrigkeiten, insonderheit den Kaiser, gegenüber, das »weltlich Regiment« und das »Schwert« so zu führen, daß der Christ in die beschriebene Lage gar nicht erst kommt. Ich darf an dieser Stelle darauf verzichten, auch dies durch Zitate zu belegen, zumal es innerhalb der bekannten Obrigkeitslehre Luthers nichts Besonderes bringt. Nur auf einen Satz möchte ich die Aufmerksamkeit lenken, der in diesem Zusammenhang oft übersehen wird. Am 28. Juni 1532 hat Luther beim Essen gesagt:

»Ich denke izt an den Turken und denk: Wenn ich Samson wer, ich wolt yhm bald radten, wolt yhm all tag tausen Turken todt schlagen, das wer in einem jar 350000 Turken. — Ibi cum quidam diceret tum non fuisse bombardas, dicebat: Da wolt ich mein sonders paternoster zu haben!«
(WA, Tischreden, Bd. 1, S. 120).

Gewiß wird man dieses Dictum nicht überbewerten dürfen, denn es ist in einem Tischgespräch gesagt worden und steht nicht in einer theologisch durchdachten Schrift. Dennoch ist es nicht belanglos, ob einem, der durch Essen animiert oder in Weinlaune ist, so etwas oder etwas anderes entfährt. Es ergibt sich jedenfalls die Frage, ob das, was an Argumenten für blutiges Niederkämpfen eines Gegners, dem man auch anders begegnen könnte, zusammengetragen wird, nicht letztlich von einer nicht mehr zu hintergehenden, aus keinen Angeln zu hebenden Emotionalität gesteuert wird. Diese Frage kehrt heute verschärft wieder: An die Totalvernichtung des Gegners kann nur unter Verzicht schon auf die allerersten Schritte des Weiter- und Zu-Ende-Denkens, also doch wohl nur auf dem Grunde einer solchen Emotionalität gedacht werden. So verwandelt stellt sich das Problem der Verteidigung mit

Waffen heute bekanntlich dar. Was Luther über das Leben des Christen unter türkischer Herrschaft sagt, wäre heute hingegen soziale Verteidigung.

Die angekündigten Fragen, die sich ergeben, lauten: Ist das noch in die klassische Dialektik von Gesetz und Evangelium zu fassen? Woher nehmen wir die Überzeugung, daß Gott unseren Planeten und das Leben auf ihm bestehen lassen will? Wenn wir, mit welcher Glaubensbegründung auch immer, zu dieser Überzeugung gelangen: Ist es nicht die bloße Vernunft, ja die Pragmatik des Zusammenlebens und weder der Dekalog noch die Bergpredigt, welche der christlichen Ethik Inhalte zu vermitteln vermag? Können und wollen wir eine evangelische Ethik nur damit vertreten, daß auch die erfolgreichste Friedenstat vor Gott nicht zu rechtfertigen vermag?

Wir wissen keine Antwort und bescheiden uns, im Anschluß an die letzte Frage, mit einer

3. theologischen These:

Die moralische Angst vor dem Islam hat einen Grund darin, daß man sich überfordert fühlt, an seinem Handeln von außen als Christ erkennbar zu sein, während der Muslim diesen Identitätsbeweis selbstverständlich erbringt.

Vielleicht nicht volle moralische Angst, aber jedenfalls deutliche Unsicherheit tritt heute schon in der kleinsten Gruppe auf, in der Christen und Muslime miteinander zu sprechen versuchen: etwa angesichts des Verhältnisses zur Geschlechtlichkeit hier und dort, des Kirchen- und Moscheebesuches, der Häufigkeit und Intensität des Betens, der Berechtigung des Zinsennehmens durch den, der selbst nicht mehr zu arbeiten braucht, weil er Geld für sich »arbeiten« lassen kann.

Unsere Neuzeit

Mit Recht hat man das Geschehen, das sich heute in den Völkern von Marokko bis Indonesien abspielt, eine islamische Renaissance genannt. Auch das ehemalige Abendland, das westliche Europa, befindet sich dem gegenüber nicht in der Rolle des Beobachters, sondern ist betroffen, im Kleinen wie im Großen. Im Kleinen etwa dadurch, daß ins Land geholte Arbeitskräfte sich plötzlich als Menschen, ja als Muslime erweisen, und dadurch, daß viele Menschen, die der Umbruch in manchen islamischen Ländern zu zerreiben drohte, bei uns Asyl suchen. In den Reaktionen, die das hierzulande hervorruft, erkennen wir manchmal wieder, was wir in der frühen Neuzeit »Angst des Belagerten« genannt haben. Wir können auch an eine jüngere, aber noch mehr als hundert Jahre hinter uns liegende Wiederkehr dieses Phänomens erinnern: im sogenannten Krimkrieg zwischen Rußland und der Türkei (1853-1856) wurde von einem Zeitungsredakteur in Wien für ein Börsenmanöver die Nachricht fabriziert, die Festung Sewastopol sei durch Kapitulation in türkische Hände gefallen; ein türkisches Dampfschiff habe die Nachricht nach Konstantinopel gebracht, dort habe sie ein Tatar aufgenommen, sei damit in Richtung Bukarest geritten und habe sie mündlich einem anderen, ihm begegnenden Tataren übermittelt, der seinerseits die Nachricht bei der englischen Gesandtschaft in Wien abgeliefert haben soll. Seither nennt man eine angsterregende Falschmeldung sprichwörtlich Tatarennachricht (G. Büchmann, *Geflügelte Worte*, 27. Auflage, Berlin 1925, S. 507).

Ohne die Schwierigkeiten, die für alle entstehen, die Asyl suchen und bei denen es gesucht wird, verkleinern zu wollen, müssen wir feststellen, daß immer wieder versucht wird, die Mühen, dieser Schwierigkeiten Herr zu werden, durch Tatarennachrichten in Angst umzuwandeln. Die eindeutigste wurde in die Welt gesetzt — es gibt sogar begründete Vermutungen, von wem — wenige Tage, bevor das Abkommen zwischen der Bundesrepublik und der DDR über die Schließung der Ostgrenzen und des Flughafens Schönefeld für Asylsuchende ohne Reisepaß und Visum wirksam wurde: Die Zeitungen berichteten (u. a. Berliner *Tagesspiegel* vom 27./28. September 1986), daß ganze Geschwader, sechshundert Omnibusse voller Türken, Araber und Iraner auf den Balkanstraßen nordwärts unterwegs seien, um noch vor dem bewußten Stichtag, es war der 1. Oktober 1986, bei uns einzufallen. An der Geschichte war, genau wie am Fall von Sewastopol 1854, kein wahres Wort. Die große Mehrheit der Presse fühlte sich allerdings nicht verpflichtet, auch dies mitzuteilen.

Unser Motiv aus dem Hoch- und Spätmittelalter, die Angst des Unwissenden vor dem Wissenden, kommt heute nicht mehr vor. Das Motiv aus dem frühen Mittelalter hingegen, die Angst des Alten vor dem Jungen, schnell Nachwachsenden, kehrt in verwandelter Form wieder. Das Alte, das sind heute die Nationen, die schon mehr als ein Jahrhundert industrialisiert sind und mehrere Jahrhunderte lang Kolonien hatten, die ihnen ihre Produkte und Bodenschätze gratis lieferten; es sind die Nationen, die ein Weltwirtschaftssystem etabliert haben, das ihnen eben dieses weiterhin sichert. Das Junge, das sind die Völker, die ihre Erzeugnisse und Bodenschätze, allen voran das Öl, für sich behalten oder aber teuer verkaufen wollen und vital eine eigene Industrialisierung anstreben — Vorgänge, die seitens der Alten durch verordnete Beschränkung auf Monokulturen und Fertigung beziehungsweise Weiterverarbeitung oder bloße Montage von importierten Teilen nicht mehr lange zu bändigen ist. Das hat alles eine so neue Qualität gewonnen, daß es vielleicht reicht für eine

4. historische These:

Die heutige Angst der westlichen Welt vor dem Islam ist die Angst der Reichen vor dem, der ihnen etwas wegnehmen will.

Auf theologischer Seite hat dieser Tatbestand kein eindeutiges Äquivalent. Wir konnten immerhin bei unseren Erwägungen über die Heilsgeschichte, über die Tendenz zum Fundamentalismus und die christliche Ethik darauf hinweisen, daß manches davon heute mindestens als Unsicherheit wiederkehrt. Und es ließe sich dokumentieren — ich möchte auch dies nicht tun, um denjenigen, deren Sorgen ich verstehe, nicht zu nahe zu treten —, wie solche Unsicherheiten unter Christen wieder neu entstehen, und wie sie sich durch Reminiszenz an die früheren Ängste verstärken.

Vielleicht gibt es aber auch hier einen Punkt von neuer Qualität. Seitens der Kirchen wie der wichtigsten islamischen Gemeinden besteht inzwischen weitgehendes Einvernehmen, daß ein Zusammenleben auf Dauer nur möglich ist, wenn auch der Islam durch eine Körperschaft öffentlichen Rechts repräsentiert wird. Aber die politischen und juristischen Bemühungen, diesen Status herbeizuführen, kommen nicht recht voran. Da ich mich aus mehreren, auch persönlichen Gründen seit drei Jahren mit dieser komplizierten Materie nicht mehr befassen konnte, komme ich nur unter allem Vorbehalt, nur der Vollständigkeit halber und nur zur Diskussion abschließend zu einer

4. theologischen These:

Die heutige kirchliche Angst vor dem Islam hat einen Grund darin, daß geistliche und weltliche Macht im Islam eher in einer Hand sind und sich deshalb eher durchsetzen werden, während die Trennung der Institutionen im Konfliktfall unseren Staat ideologisch und unsere Kirche materiell schwächen könnte.

Was tun?

Unsere historisch-theologische Betrachtung hat gezeigt, daß die alte abendländische, die neue westliche Angst vor dem Islam ihre Gründe hat, daß sie verständlich und also kein reiner Unsinn ist. Deswegen ist sie auch durch Beschluß oder durch Aufklärung nicht einfach abzuschaffen. Ein Beschluß ist sinnvoll und möglich nur in den Grenzen historischer Anthropologie — denn die haben wir eigentlich betrieben, indem wir nicht umfassend historisch-politisch analysiert, sondern lediglich vom Alten, vom Unwissenden, vom Belagerten und vom Reichen, von ihren theologischen Zeitgenossen und den Gegentypen beider gesprochen haben. Man kann beschließen und es dann auch leisten, sich in einem von diesen allen wiederzuerkennen. Aufklärung vermag dann zu zeigen, daß die Person, die sich so wiedererkennt und dabei ihre Angst keineswegs verliert, sondern sie höchstens mildert, allerdings etwas Unsinniges tut, wenn sie ihre Angst konzentriert vom Islam herleitet. Es wird vielmehr Angst, die ganz woanders herkommt, auf den Islam projiziert. Man muß Angst, es ist letztlich Existenzangst, auf eine Weise, zu der der Historiker und Theologe über das Bisherige hinaus nichts mehr beitragen kann, als solche überwinden, dann verschwindet auch die Angst vor dem Islam.

Literatur

a) Quellen

Bonner, Anthony (Ed. and Transl.): *Selected Works of Ramon Llull (1232-1316)*, 2 Bde., Princeton 1985

v. den Brincken, Anna-Dorothee: Presbyter Johannes, Dominus Dominantium — ein Wunsch-Weltbild des 12. Jahrhunderts, in: Anton Legner (Hrsg.), *Ornamenta Ecclesiae*, Bd. 1 (Katalog zur Ausstellung des Schnütgen-Museums), Köln 1985, S. 83-97

Fredegar: siehe Lautemann

Gabriel, Leo (Hrsg.): Nikolaus von Kues, *Philosophisch-Theologische Schriften*, übersetzt und kommentiert von Dietlind und Wilhelm Dupré, Studien- und Jubiläumsausgabe Lateinisch-Deutsch, 3 Bde, Wien 1964-1967 (ND 1982)

Koran: siehe Paret

Lautemann, Wolfgang: *Geschichte in Quellen*, Bd. II: Mittelalter, München 1980

Llullus: siehe Bonner

Luther: siehe WA

Nikolaus von Kues: siehe Gabriel

Paret, Rudi (Übers.): *Der Koran*, Stuttgart (1962-)1966

Priester Johannes: siehe v. den Brincken

WA: *Martin Luthers Werke*, Weimarer Ausgabe

b) Darstellungen

Colpe, Carsten: Die Mhagraye — Hinweise auf ein arabisches Judenchristentum?, in: *Internationale Kirchliche Zeitschrift* 76, Bern 1986, S. 203-217

Fück, Johann: *Die arabischen Studien in Europa*, Leipzig 1955

Grousset, René: *Orient und Okzident im geistigen Austausch*, Stuttgart 1955

Hübinger, Paul Egon (Hrsg.): *Bedeutung und Rolle des Islam beim Übergang vom Altertum zum Mittelalter* (Wege der Forschung 202), Darmstadt 1968

Klein-Franke, Felix: *Die klassische Antike in der Tradition des Islam* (Erträge der Forschung 136), Darmstadt 1980

Meinhold, Peter: Entwicklung der Religionswissenschaft im Mittelalter und zur Reformationszeit, in: Ulrich Mann (Hrsg.), *Theologie und Religionswissenschaft*, Darmstadt 1973, S. 357-380

Pirenne, Henri: Muhammad und Karl der Große, Frankfurt a. M. 1985

Ders.: Un contraste économique. Mérovingiens et Carolingiens, in: Hübinger, 1968, S. 10-22

Raeder, Siegfried: *Der Islam und seine Welt* (Christentum und Islam, Heft 14), Breklum 1982

Schaeder, Hans Heinrich: Imperium und Kalifat, in: Ders., *Der Mensch in Orient und Okzident*, München 1960, S. 216-238

Ders.: Die Orientforschung und das abendländische Geschichtsbild, ebenda, S. 397-423

Southern, Richard W.: *Das Islambild des Mittelalters*, Stuttgart 1981

Hellenistisches Wissen, arabische Bildung, europäisches Denken

Historische Rückerinnerung

Im vorigen Beitrag wurde mehrfach der Tatsache gedacht, daß die islamische Expansion eine Rezeption der europäischen, klassisch-antiken Wissenschaft ermöglicht hat, die für die Entwicklung der Wissenschaften im nunmehr islamischen Orient von höchster Bedeutung werden sollte. Die damit erreichte Überlegenheit über das christliche Abendland hatte den Hintergrund für den Minderwertigkeitskomplex, ja, die angsterzeugende Ungewißheit abgegeben, für die der englische Historiker R. W. Southern mehrere Phasen unterschieden hat.

Die griechische Wissenschaft war vom 6. bis zum 10. Jahrhundert durch zwei- und dreisprachige syrische Gelehrte vermittelt worden, von denen die meisten als Geistliche verschiedenen Ranges in der jakobitisch-monophysitischen oder in der nestorianisch-dyophysitischen Kirche dienten, von denen einige aber auch, sofern man dies für die damalige Zeit sagen kann, »weltlich« waren. Das Abendland hatte davon nur von ferne gehört und sich beunruhigen lassen, denn nahezu ein halbes Jahrtausend lang wußte man dort vom arabisch-islamischen Orient so gut wie nichts. Daran änderte auch die Tatsache nichts, daß der Islam weit in Gebiete eingedrungen war, die sieben und mehr Jahrhunderte lang christlich gewesen waren: Vorderasien, Kleinasien, Sizilien und Süditalien, Nordafrika, Spanien. Gerade das Sendungsbewußtsein, das Islam wie Christentum von sich hatten, machte dieses nun zum Teil nach Europa verlegte Nebeneinander spannungsreich. Es ist jedoch eine merkwürdige Paradoxie der Geschichte, daß gerade die Ereignisse, die diese Spannung zur Explosion bringen sollten, nämlich der »Heilige Krieg« von islamischer und die Kreuzzüge von christlicher Seite, ein besseres Verstehen beider Seiten einleiteten. (Es war in Wirklichkeit eine Übertragung der *Proelia-Sancta*-Ideologie der Kreuzzüge auf das Eroberungsgeschehen, welches dieses dem Abendland als Heiligen Krieg erscheinen ließ. Religionskämpfe sind nach christlich-abendländischen, jedoch nicht nach ursprünglichen islamischen Vorstellungen heilige Kämpfe.)

Natürlich war dies nicht der Zweck der Kreuzzüge gewesen; man hatte überhaupt nicht nach einem solchen Zweck, sondern nach Gottes Willen gefragt. Anders waren die Absichten der mit den Kreuzfahrern gleichzeitigen europäischen Gelehrten im mittelalterlichen Spanien: Hier ging es erklärtermaßen um Auffüllung der eigenen Wissenslücken durch neues Wissen. Daß es neu war, war zunächst wichtiger als die Frage, ob es letztlich griechisch-klassisch oder arabisch-islamisch war.

Den Kreisen, welche sich im 12. Jahrhundert um eine geistige Auseinandersetzung mit dem Islam bemühten, verdanken wir den ersten Beitrag zur Lexikographie, das (unvollendete) *Glossarium Latino-Arabicum* (nach Fück, 1955, S. 10-13). Weder der Name seines Verfassers noch Ort und Zeit seiner Entstehung sind überliefert, doch zeigt sein Inhalt, daß es im christlichen Spanien verfaßt worden ist. Als Grundlage wählte der Verfasser eine der damals im gelehrten Unterricht üblichen lateinischen Glossensammlungen, die halb Wörterbuch, halb Reallexikon waren. Diese wurde in die arabische Schriftsprache übersetzt; die Übersetzung weist den Übersetzer als *Musta'rib*, als Mozaraber aus, das heißt als einen der spanischen Christen, die sich unter muslimischer Herrschaft Sprache und Kultur der Araber angeeignet hatten. Es fehlte ihm jedoch an einer entsprechenden Kenntnis des Lateinischen und außerdem an einer klaren Einsicht in den Unterschied zwischen Übersetzung und Sacherklärung. Daher hielt er sich, statt das lateinische *Lemma* durch das entsprechende arabische Wort wiederzugeben, an das lateinische Interpretament.

Unvergleichlich höher steht der im 13. Jahrhundert in Ostspanien entstandene *Vocabulista in Arabico* (nach Fück, 1955, S. 22-25), der wohl ebenfalls für Missionare angefertigt war und zugleich eine wichtige Quelle für unsere Kenntnis des damaligen maghrebinischen Dialektes ist. Wie das Glossarium, so war der *Vocabulista* zunächst ein lateinisch-arabisches Wörterbuch, dem aber dann ein arabisch-lateinischer Index beigegeben war. Noch im 19. Jahrhundert konnte R. Dozy diesen Vocabulista für sein *Supplément aux Dictionnaires arabes* vielfach ausbeuten.

Der Missionsgedanke stand nicht nur hinter der Anfertigung solcher Glossare, er kam erst recht im 13. Jahrhundert in der Tätigkeit der Bettelorden der Dominikaner und Franziskaner (als Wanderprediger) zur vollen Entfaltung. Unter den Dominikanern ragt als Arabist der Spanier Raymundus Martini hervor, der sich in seinem 1278 verfaßten *Pugio Fidei adversus Mauros et Judaeos* als ein vorzüglicher Kenner des Arabischen und des Hebräischen erweist. In diesem Werke setzt er sich hauptsächlich mit den jüdischen Einwänden gegen die Messianität Jesu und die Trinitätslehre auseinander und zitiert dabei in Urtext und Übersetzung nicht nur das Alte Testament, sondern auch das rabbinisch-talmudische Schrifttum, von der *Mischra* und den *Midraschim* bis auf Raschi (gest. 1105) und Kimchi (gest. 1235). Im ersten Zehntel des Werkes jedoch beschäftigt er sich mit den Lehrmeinungen der Philosophen und ihrer Kritik an den üblichen Vorstellungen von Gott, Welt und Unsterblichkeit. Dabei zeigt er sich sehr stark von Ghazali und anderen islamischen Denkern beeinflußt; er kennt mehrere seiner Schriften, außerdem die Ischarat (»Vermerke«) des Ibn Sina (Avicenna), der er eine Widerlegung der Seelenlehre Galens entnimmt. Selbst Ibn Ruschd (Averroës), der Gegner Ghazalis, kommt zu Worte, zum Beispiel bei der Erörterung der Allwissenheit Gottes. Eine Schrift des Razi (gest. 925) liefert die Argumente gegen die Unzerstörbarkeit der Welt (nach Fück, 1955, S. 13-16).

Eine Kulturübertragung, die mit der in Spanien vollzogenen vergleichbar ist, fand, wenn auch in geringerem Umfang, in Sizilien und Süditalien statt (Hauptorte: Monreale, westlich von Palermo, und Lucera, westlich vom Golf von Manfredonio. Nach Fück, 1955, S. 4). Kaiser Friedrich II. war selbst ein halber Muslim geworden. Bereits gegen Ende des 11. Jahrhunderts übertrug Constantinus Africanus — ein tunesischer Christ im Dienste des Robert Guiscard, des Herzogs von Apulien, dessen Normannen 1060-1090 den Sarazenen Sizilien entrissen — Werke griechischer und muslimischer Ärzte ins Lateinische und gab damit der Schule von Salerno und darüber hinaus der gesamten Heilkunde des Westens einen mächtigen Anstoß.

Nun könnte man argumentieren, daß es sich hier nicht um die Ausbreitung speziell arabischer Bildung in Europa gehandelt habe, denn es sei ja doch ein schon europäisches, nämlich griechisches Erbe gewesen, das hier weitergegeben wurde. In der Tat war man nur am Stoff der zu übersetzenden Schriften interessiert; diese »alten Wissenschaften« *(al-'ulum al-qadima)* aber vermittelten, auch wenn sie arabisiert waren, keinen Einblick in das eigentlich islamische Wesen — ebensowenig, wie die Übernahme europäischer Technik dem heutigen Orient das Wesen des Abendlandes erschließt. Außerdem war die Beschäftigung mit den Wissenschaften auch noch nicht mit einem speziellen Interesse an der arabischen Sprache verbunden. Man ließ sich von sprachkundigen Mittelsmännern den Inhalt wiedergeben, und da diese nur selten des Lateinischen mächtig waren, mußte ihre in der romanischen Volkssprache vorgetragene Inhaltsangabe erst wieder in schriftmäßiges Latein gebracht werden, ehe die Übersetzung endgültig niedergeschrieben werden konnte. Das alles ist richtig; und doch sagt das Urteil, daß diese Übersetzungen keinen Einblick in das eigentlich islamische Wesen boten, noch nicht alles. Man muß sich hier vergegenwärtigen, daß im Wissenschaftssystem der islamischen Kultur von den »alten Wissenschaften«, um die es uns hier geht, die »neuen« oder »arabischen« Wissenschaften unterschieden werden, also Glaubenslehre, Jurisprudenz, Traditions- und Sprachwissenschaft und anderes. Was man im engeren Sinne »islamisch« nennen müßte, hat in erster Linie in diesen Wissenschaften seinen Platz; doch sind auch die »alten« Wissenschaften, nämlich Philosophie, Medizin, Naturwissenschaften, Musik, Geographie, Astronomie, nicht einfach Repristinationen ihrer griechischen Grundlagen, wie heute immer deutlicher wird. Will man das, was hierin neu ist, mit einem Wort benennen, so wird man zur Unterscheidung zwischen dem Attribut »islamisch« und »arabisch« gezwungen. Nicht nur griechisches Erbe in arabischem Gewande war es also, das nun über Spanien und in geringem Maße auch über Sizilien sich in Europa ausbreitete, sondern unauflöslich dort hinein verwoben waren die Ergebnisse spezifisch arabischer wissenschaftlicher Forschung.

Dieser Vorgang soll im Folgenden unter den Stichworten »Antwort«, »Auseinandersetzung« und »Anverwandlung« etwas eingehender beschrieben werden.

Antwort: Philosophie, Medizin, Rhetorik

Für die Übersetzung der griechischen Philosophie im engeren Sinn sind als wichtige Syrer hervorzuheben die über mehrere Generationen tätige Ärztefamilie Hunain und Ishaq, der Priester und Arzt Sergius von Resch'ainā (gest. 536) und ferner Georg, der sogenannte Araber-Bischof. Ins Syrische wurden Gnomologien mit moralischer oder »philosophiegeschichtlicher« Absicht übertragen, die man in der gängigen Praxis der Pseudonymik zum Beispiel dem Plutarch und dem Pythagoras zuschrieb. Dies war die Vorstufe zu den Übersetzungen wirklicher philosophischer Werke: des aristotelischen *Organon*, der pseudoaristotelischen Schrift *Über die Welt*, der *Eisagogé* des Porphyrios. Hinzu kamen Popularschriften metaphysisch-physikalischen Inhalts und mystische Schriften wie die Traktate des Dionysius Areopagita. Außerdem gehören die hermetischen und naturwissenschaftlichen Schriften zum Teil auch in diesen Zusammenhang, war doch die Philosophie die vornehmste im System der nicht-arabischen Wissenschaften, in welches auch Medizin und Naturwissenschaften gehörten.

Das griechische Erbe wurde zumeist nicht in historischer Unterscheidung der einzelnen Autoren, sondern wie schon in den Kloster- und Katecheten-Schulen als eine einheitliche Weisheit der Griechen gesehen. Als ihre Hauptautorität galt der nahezu vergöttlichte Aristoteles, *de facto* handelte es sich aber meist um Harmonisierungen auf neuplatonischer Grundlage, welche Kommentatoren wie Olympiodor und Simplikios vorbereitet hatten. So konnten Auszüge aus Buch 4 und 6 der *Enneaden* des Plotin unter dem Titel einer *Theologie des Aristoteles* laufen, und auch ein Auszug aus der *Stoicheiosis theologike* des Proklos galt als ein aristotelisches *Buch über die Ursachen*.

Die Werke Platons fallen jedoch teilweise aus der großen Harmonisierung heraus. Seine *Gesetze*, der *Timaios*, der *Staat*, teilweise auch der *Sophistes*, der *Phaidros* und der *Phaidon* waren korrekt unter seinem Namen bekannt und wurden von arabischen Philosophen kommentiert. Auch in der Kommentierung hatten die Araber syrische Vorläufer.

Die Entstehung einer eigenen Philosophie bei den Arabern — auch hier darf man von Muslimen eigentlich nicht reden, weil die Philosophen zur islamischen Theologie trotz Übereinstimmung in manchen Methoden immer in einer gewissen Spannung standen — ist unlöslich mit dem Namen des al-Kindi (gest. nach 870) verbunden. Da die meisten Gelehrten seiner Zeit persischer Abstammung waren, war seine rein arabische Abstammung nahezu eine Ausnahme, und ihretwegen erhielt er den Titel eines »Philosophen der Araber«. Man verengt seine Bedeutung, wenn man ihn seiner Schriften über Ethik, Logik und Metaphysik wegen als Philosophen bezeichnet, denn als Astronom, Mathematiker, Musiktheoretiker und Arzt war er gleich bedeutend. In seinem Denken gelangt er über die bei ihm immerhin noch merkbare Harmonisierung platonischer, aristotelischer und stoischer Tradition hinaus, so daß man seine Philosophie nicht als unter hellenistischem Einfluß stehend, sondern als Antwort eigener Prägung auf hellenistische Philosophie verstehen muß.

Auch ar-Razi war ein solcher Universalgelehrter. Bei ihm wird die Eigenständigkeit im Denken am deutlichsten aus latenter Opposition gegen alle Religionen gespeist; deswegen haben sich nur Bruchstücke seiner philosophischen Abhandlungen, die umfangreich gewesen sein müssen, erhalten können.

Als größter arabischer Denker des mit dem 10. Jahrhundert zu Ende gehenden Zeitalters, das sich mit dem lebendigen antiken Erbe auseinandersetzte, gilt al-Farabi (gest. 950). Er war türkischer Herkunft, schrieb aber genauso gut arabisch wie die Perser. Er hat die Harmonisierung zwischen Aristoteles und Platon, welche, wie gezeigt, nicht den ganzen Platon erfaßt hatte und durch Skeptiker teilweise wiederaufgelöst worden war, erneut versucht und dabei gleichzeitig eine Versöhnung mit den Lehren des Islam angestrebt. Insofern darf man ihn als islamischen Philosophen bezeichnen. Er hat dies alles vor allem in eine eigene interpretierende Zusammenfassung von Platons *Staat* gebracht; in diesem sollten Religionsgemeinde und Bürgergemeinde zusammenfallen.

Die Medizin der Araber hat auch, wenn sie ihren Platz im Gesamtsystem der Wissenschaften hatte und von manchen in diesem Zusammenhang theoretisch betrieben werden konnte, zu den eindrucksvollsten Weiterbildungen geführt, die wir in der Wissenschaftsgeschichte kennen.

Man läßt die medizinische Praxis und empirische Forschung außer acht, wenn man sich auf die literarische Überlieferung der zwei Dutzend griechischer Ärzte beschränkt, welche im Arabischen wiederkehren. Immerhin ist diese Überlieferung allein noch wichtig genug. Man bezog sich auf acht führende Ärzte als medizinische Autoritäten; unter den sechs ersten befinden sich unter anderen der Gott Asklepios und der Philosoph Platon, als siebenter und achter aber krönen Hippokrates und Galen die Reihe. Der Umfang der Schriften, die von ihnen übersetzt wurden, und die sie bei den Arabern angeregt haben, kann hier nur eben erwähnt werden. Im Anschluß an sie bemühte man sich um das Verhältnis der Theorie aus den Büchern zur Empirie am Kranken, um Anatomie und um die Säftelehre, die wie im Abendland bis zum Ende des Mittelalters die physiologische Grundlage der medizinischen Wissenschaft bildete. Aber auch die Standesethik wurde bedacht, die man im Anschluß an den Eid des Hippokrates weiterentwickelte.

Die Rhetorik war die einzige Wissenschaft, die den Syrern Schwierigkeiten machte, weil sie als eine dezidiert heidnische Kunst galt und neben der medizinischen, philosophischen und mönchischen Ausbildung keinen Platz hatte. Nur Antonius von Tagrit überwand 825 solche Vorbehalte mit einem eigenen Entwurf. Da die Rhetorik seit den Alexandrinern neben der Poetik, der Topik, der Analytik und der »Sophistik« unter die logischen Wissenschaften gerechnet wird, ist es möglich, daß auch in manchen arabischen Wissenschaftslehren eine Antwort auf griechische Disputierkunst wie in den *Dialogen* des Platon oder auf die Beweiskunst wie in den *Analytica Posteriora* des Aristoteles vorliegt. Man findet jedoch später in Biographien Reden eingestreut, hinter denen eine ganz eigene arabische Disziplin zu stehen scheint, und auch die Praxis der Predigt im Dienste Gottes beginnt die Rhetorik als Disziplin implizit zu rechtfertigen, vielleicht weil sie sich zu einer Tugend entwickelt hat, die bei der Belehrung von Unwissenden hilft. Im 11. Jahrhundert wird al-Dschurdschani (gest. 1078) ganz neue Untersuchungen zur Rhetorik anstellen *(Die Geheimnisse der Beredsamkeit)*. Sie bilden die Grundlage für Handbücher, welche die nun ganz homogen erscheinende arabisch-islamische Redekunst zusammenfassen. Die rhetorische Tradition, die damit etabliert war, machte es im 13. Jahrhundert wieder den Syrern — vor allem Severus (oder: Jakob) Bar Schakku und Bar Hebräus — leichter, sich darauf einzulassen.

Auseinandersetzung: Theologie und Mystik

Theologische und religiöse Werke werden im allgemeinen nur in Ausnahmefällen unter den Literaturbegriff der damit beschäftigten Wissenschaft gestellt. Bestimmte Werke einer Reihe von Theologen und Mystikern des 9. und 10. Jahrhunderts stellen solche Ausnahmen dar, die später nur noch selten und nur in Einzelpersonen wiederkehren. Die theologischen und mystischen Autoren haben zu der Qualität beigetragen, welche zuweilen in den Ausdruck »goldenes Zeitalter der arabischen Literatur« gefaßt worden ist. Das 9. und 10. Jahrhundert gelten als die letzten dieses Zeitalters. Sie gehören auch in den vorliegenden Zusammenhang, weil in ihnen die Auseinandersetzung mit griechischem Denken und hellenistischer Überlieferung ihren Höhepunkt und im Orient auch ihren Abschluß erreicht. Nur in Spanien, und dort nur in der Philosophie, findet der entsprechende Abschluß zwei Jahrhunderte später, etwa mit Averroës (gest. 1198), statt.

Der Begriff »Auseinandersetzung« ist wörtlich zu nehmen: Es handelt sich um einen Prozeß, in welchem sich zwei Denk- und Schreibweisen trennten, welche zuvor nicht nur konfrontiert, sondern eng zusammen, ja »ineinandergesetzt« gewesen waren. Denn als Ineinandersetzung muß man die Übernahme von Denkmethoden und Begriffen bezeichnen, zu der sich Koran-Exegeten und Traditionarier gezwungen sahen, als sie die Fragen nicht mehr beantworten konnten, die ihnen in den neueroberten Gebieten des Fruchtbaren Halbmondes und des Zweistromlandes gestellt wurden. Diese Fragen wurden von Vertretern verschiedenster Schulen, Religionen und Konfessionen gestellt, die jedoch ein Gemeinsames darin hatten, daß sich bei ihnen griechisches Erbe in mehreren verwandten Arten hellenistischer Synthese manifestiert hatte. Das seit Mohammed bestehende Problem der Vorherbestimmung *(qadar)*, der schon im Koran Aussagen über die menschliche Willensfreiheit entgegenstanden, konnte nicht mehr durch Bezug auf die göttliche Allmacht *(dschabr)* beantwortet, es mußte — wie bis heute — dialektisch angegangen werden. Das Prinzip der Entscheidung konnte nun nicht mehr Unterordnung unter Gottes Willen, es mußte die autonome Vernunft *('aql)* sein. Im Hinblick auf das Unheil in der Welt mußte die überlieferte Gerechtigkeit und Einheit Gottes neu interpretiert werden, wenn man sich nicht der vordergründigen Erklärung beugen wollte, das Böse gehöre zu einem finsteren Gott; für eine solche Interpretation war ein Substanz- und Wesensbegriff nötig, wie man ihn bis dahin im Islam nicht kannte. Man konnte diese Begriffe, ebenso wie die der Vernunft und der Dialektik, nur von den Gegnern übernehmen, und damit war prinzipiell die Möglichkeit für die Aufnahme griechischen Denkens, besonders der aristotelischen Logik und mehrerer griechischer Wissenschaften gegeben, aus denen die große Übersetzertätigkeit vieles bereitgelegt hatte. Viele Inhalte und nahezu alle Prämissen konnten nun andere sein als die bisherigen, die an Koran und Sunna gebunden blieben.

Diejenige Schule, welche dieses Alte und jenes Neue ineinandersetzte, »trennte« sich eben damit von den Traditionariern und wird mit einer Bildung aus dem arabischen Wort für dieses ihr Tun *al-Mu'tazila* genannt. Soviel wir über ihre Lehren aus Zitaten anderer und aus den Streitschriften ihrer Gegner inzwischen auch wissen, über die Anlage ihrer Bücher können wir gar nichts sagen, da die spätere Orthodoxie so gut wie alle vernichtet hat. Eine Ausnahme bildet al-Dschahiz (777-868), aber er galt eigentlich nicht als Theologe, obwohl er mit mehreren theologischen Traktaten auf die Seite der Mutaziliten trat. Seinen Ruf als genialster Schriftsteller seiner Zeit verdankt er anderen Werken voller Originalität, darunter einem siebenbändigen *Buch der Tiere* (das viel mehr als nur Zoologie enthält), *Über den Ruhm der Schwarzen vor den Weißen* (sein Großvater war Negersklave gewesen), *Über das Lob der Kaufleute und den Tadel der Inhaber öffentlicher Ämter* und vielen anderen Werken zur feinen Bildung *(adab)*. Aber auch die literarische Produktion der Mutaziliten im engeren Sinn muß umfangreich und bedeutend gewesen sein, waren sie doch die offizielle Theologie der Abbasidenbewegung und damit eine wichtige politische Kraft. Der Kalif al-Ma'mun (813-833) stellte sich sogar offen auf ihre Seite, und erst unter seinem Neffen al-Mutawakkil (847-861) wendete sich ihr Geschick.

Die »Auseinandersetzung«, die damit möglich geworden war, wurde von al-Asch'ari (873-935) und al-Maturidi (gest. 944/45) geleistet. Der erstere stammte aus Basra und hörte bis zu seinem 40. Lebensjahre bei mutazilitischen Theologen in Bagdad, wo er auch starb; der letztere wirkte und starb in Samarkand, wo er ursprünglich eine Richtung vertrat, welche der Mu'tazila mindestens nahestand. So entfernt beide einander räumlich auch waren, ihre Lehren durchdrangen sich; vor allem die gegenüber der Prädestination undialektische Betonung des freien Willens und Handelns, womit al-Maturidi auch die Unterstützung der hanifitischen Rechtsschule (Abu Hanifa 699-767) fand, drang in die Schule al-Asch'aris ein. Dieser verfocht selbst die unbeschränkte Wirksamkeit des göttlichen Willens und traf sich darin mit der Rechtsfindungsmethode des asch-Schafi'i (767-820), die jede Entscheidung ablehnte, die nach Gutdünken und Willkür aussah. Mit der Unterstützung durch die beiden Rechtsschulen, welche ganz in Gewohnheiten und Traditionen der Landrechte Syriens/Palästinas und des Iraq wurzelten, war die Grundlage gegeben, eine Richtung aus der *Mu'tazila* herauszusetzen, welche die orthodoxe Theologie des Islam werden sollte. Diese hieß mit dem Wort, welches früher — möglicherweise über syrische Ableitungen aus dem Wortstamm *m-l-l* vom griechischen *logos* her — Vernunft oder Argument und Wort oder Sprache bedeutet hatte, *Kalam.* Der *Kalam* entledigte sich mit den Methoden der *Mu'tazila* der Inhalte derselben und hält sich damit in Differenzierungen, wie sie der arabische Wortschatz so reichlich ermöglicht, von allen dem aristotelischen und dann allgemein-griechischen Satz vom ausgeschlossenen Dritten untergeordneten Definitionen frei, welche zum Beispiel die Eigenschaften, die Anthropomorphie, die Ewigkeit, das Wort (einschließlich des Korans), die Gerechtigkeit, die Allmacht, die Wunder Gottes betrafen. Einige Schriften al-Maturidis, wie ein *Buch über das Einheitsbekenntnis*, sind erhalten, andere sind nur aufgrund von Titelverzeichnissen und Zitaten nach ihren Gedanken zu rekonstruieren. Von al-Asch'ari sind mehrere erhalten, am wichtigsten wohl die *Maqalat al-Islamiyin* (wörtlich »Die Lehren der Islam-Anhänger«), in denen erstmals die Meinungen über den *Kalam* und die Sonderlehren der Sekten abgehandelt werden. In der frühen Schule des al-Asch'ari stehen ein halbes Dutzend auch als Schriftsteller bedeutende Autoren, welche die dem Hocharabischen verpflichtete *Koiné* des Goldenen Zeitalters schrieben, bis hin zu al-Ghazali (1058 bis 1111), der die neue Orthodoxie erst lebendig machte, indem er ihr auch mystische Traditionen integrierte.

Die Mystik brachte dabei keine hellenistische Frömmigkeit in die islamische Theologie zurück. Denn auch eine bedeutende Richtung islamischer Mystiker hatte eine Auseinandersetzung mit den in ihre eigene Mitte eingedrungenen Vorstellungen ihrer hellenistischen Vorläufer zu vollziehen, welche vom 7. bis 9. Jahrhundert im wesentlichen als pseudo-islamische Gnosis wirkten. Zwar lebt zum Beispiel neuplatonische Mystik in den *Sendschreiben* 31 bis 40 der »Lauteren Brüder« *(ichwan as-safa)* von Basra (spätes 10. Jahrhundert) eindeutig weiter, und ähnliche Nachwirkungen sind, wenn auch mehr gedanklich als literarisch, vor allem bei Persern (wie Abu Yazid al-Bistami, gest. 874/7, und al-Halladsch, hingerichtet 922) zu fassen, wo das Verhältnis dieses Erbes zu überkommener iranischer Spiritualität noch ein besonderes Problem darstellt. Aber deshalb darf man die islamische Mystik im ganzen nicht nach hellenistischem Weltdeutungsmuster verstehen, denn sie wurzelt primär in der Praxis früh-, vielleicht schon vorislamischer Asketik. Diese genügte von Anfang an als Motivation, in allen Versen des Korans einen inneren Sinn zu finden; ihr entsprach eine geistig-seelische Verinnerlichung, die unausweichlich war, wenn man die Lehren des Koran widerspruchsfrei praktizieren wollte. In Hasan von Basra (643-728) haben wir den bestbezeugten Vertreter dieses frühen Asketentypus vor uns. Seine erhaltenen oder rekonstruierbaren Straßenpredigten offenbaren seine große Beredsamkeit, durch die er einen Einfluß ausübte, der weit über seine Generation hinausreichte. Schon im 8. Jahrhundert war die Bewegung, die er auslöste, groß geworden und hatte eine Reihe devotionaler Praktiken entwickelt. Es scheint, daß bereits damals auf den Angehörigen einer solchen Gruppe, die sich auch schon monastisch absondern konnte, der Ausdruck *Sufi* (»der mit einem Wollgewand Bekleidete«) angewandt wurde. Der Rückzug aus der Welt und allem, was darin ist, führte bei einigen zu regierungsfeindlicher Einstellung; um diese nicht so erkennbar werden zu lassen, daß Lebensgefahr drohte, wurde manchmal eine verhüllende Redeweise entwickelt, deren Doppelsinnigkeit zugleich die Struktur ergab, in die sich sowohl der äußere, auch für den Uneingeweihten lesbare Sinn, als auch der innere, vom *Sufi* in Meditation aufzufindende Sinn des Korans fügte. Solche Züge finden sich mehr oder weniger auch bei anderen frühen Mystikern, die nicht aus Hassans Schule stammten, wie al-Muhasibi (gest. 837), al-Dschunaid (gest. 910/11), asch-Schibli (gest. 945). Diese Autoren, die hier nur für ein Dutzend weitere stehen, argumentieren nicht gegen andere, was sie jedoch sagen, und wie sie es sagen, enthält implizit doch auch eine Auseinandersetzung. Muhasibis »Buch der Beachtung der Rechte Gottes« *(Kitab ar-Ri'aya li-huquq Allah)* zeigt, wie Verinnerlichung in eine Seelenlehre gefaßt werden kann, welche dem substanzhaften Psyche-Begriff fernsteht. Dschunaids Erfahrung und Beschreibung des *Tauhid* ist nicht eine Beschreibung des Einswerdens von Erkennendem und Erkanntem wie bei Gnostikern, sondern eine Anerkenntnis der ewigen und majestätischen Einheit und Einzigkeit Gottes, in welcher der Mensch nicht »Entwerden« *(fana)*, sondern »Bleiben« *(baqa)* findet. Schiblis Aussprüche und Verse sind Paradoxe, die aus Überlieferungen auf ganz andere Weise einen neuen Sinn herausholen, als griechische Allegorie es tut.

Die orthodoxe Theologie hat sich durch diese nüchterne wie durch jene leidenschaftlichere Richtung der Mystik in gleicher Weise herausgefordert gefühlt und — bis auf Ghazali — entsprechend abwehrend reagiert. Inwieweit in der leidenschaftlich-ekstatischen Richtung, in der hauptsächlich von Iranern vertretenen theosophischen Symbolik, synkretistische Gnosis wieder auflebt, ist offen. Aber in der mit anderer Position bewußt danebenstehenden, wenn auch nicht dagegen kämpfenden Bagdader Richtung der Mystik wie in der theologischen Orthodoxie hat sich die Enthellenisierung der orientalischen Literatur zweifach vollendet.

Zwischenbetrachtung

Wie war es möglich, daß nicht in Byzanz, sondern im Kalifenreich hellenistische Wissenschaft ihre eigentliche Vollendung erfuhr? Ist die uns in Europa geläufig gewordene Erkenntnis, daß nur durch den christlichen Schöpfungsglauben jene Distanz zur Welt möglich geworden sei, in der sie zum Gegenstand freier wissenschaftlicher Forschung werden konnte, vielleicht gar nicht richtig? Wieso konnte dann aber jene Verweltlichung der Welt auch im arabischen Bereich zustandekommen? Und verdankt die europäische Renaissance, die wir als Durchbruch zu einem neuen Bild des Menschen und der Welt, als Anbruch eines autonomen Denkens zu sehen gewohnt sind, in dieser Hinsicht der arabischen Welt vielleicht ebensoviel oder gar mehr als der in ihren eigenen christlichen Fundamenten angelegten Befreiung des Menschen *von* sich und *von* der Welt *zu* sich und *zur* Welt? So betrachtet stellt die arabische Weiterbildung der alten griechischen Wissenschaften und ihr Einfluß auf das europäische Geistesleben seit dem 13. Jahrhundert ein wissenschaftstheoretisches Problem erster Ordnung dar. Soweit ich sehe, ist das Problem in dieser Schärfe bisher nicht gestellt worden; von den christlichen oder humanistischen Historikern Europas nicht, weil sie die Bedeutung des Arabertums für die Möglichkeiten und das Selbstverständnis der abendländischen Wissenschaft nicht ernst genug nahmen; und von den europäischen wie orientalischen Historikern des Islam deshalb nicht, weil sie diese Bedeutung des Arabertums für zu selbstverständlich hielten. Ich kann dieses Problem hier nicht lösen, sondern es nur deutlich machen, und zwar an Hand eines Phänomens, das auf der Grenze zwischen Wissenschaft und Nichtwissenschaft, zwischen menschlicher Selbsterkenntnis und objektivierender Naturforschung, im Zwielicht europäischer wie arabischer Kultur steht, dessen Aufhellung besonders schwierig ist, aber gerade zur Lösung unseres Problems Wesentliches beitragen würde. Ich meine die Alchemie und in Verbindung mit ihr die Astrologie.

Anverwandlung: magische oder Geheimwissenschaften

Die Alchemie ist entstanden, als die magisch-chemische Technologie des Alten Orients von der Gnosis aufgenommen worden war und sich wegen ihres Interesses, auch die Materie zu erlösen, in verwandelter Gestalt wieder von ihr getrennt hatte. Das ist wahrscheinlich um die Wende vom 2. zum 3. Jahrhundert n. Chr. in Ägypten geschehen. Die griechische Teil-Tradition, welche in die Gnosis mündet, hat es mit sich gebracht, daß in der Überlieferung griechische Namen vorwiegen. Diese kehren nun in den Übersetzungen, welche die Araber zur Verfügung hatten, in Umschrift wieder. Es handelt sich überwiegend um Pseudonyme: Die ältesten sind Kleopatra und Maria. Die umfangreichste Tradition führt sich auf Demokrit zurück, hinter dem zum Teil historisch Bolos von Mendes steht. Weiter begegnen uns Pythagoras, Archelaos, Sokrates, Aristoteles, Porphyrios, Thales, Empedokles, aber auch nichthistorische Gestalten wie Phaidros, der Held von Platons gleichnamigen Dialog, der Perser Ostanes und vor allem Hermes aus Ägypten, über den sich ein umfangreiches Corpus alchemistischer Literatur mit der hermetischen zusammenschließt. Von besonderer Bedeutung wurde ein ganz kurzer Text, der das von Hermes Offenbarte nach einer smaragdenen Tafel wiedergeben will, die auf geheimnisvolle Weise gefunden worden sein soll; der alte Topos vom aufgefundenen Buch, welches besser für Glauben werben kann als eine Schrift, deren irdische Entstehungsumstände man kennt, kehrt hier wieder. Die *Tabula Smaragdina,* wie sie auf Lateinisch heißt, galt im europäischen Mittelalter als Schlüssel zu den letzten Geheimnissen der Natur und war den Alchemisten so heilig wie dem Volk Israel die Tafeln des Dekalogs. Im Arabischen, wo dieser Text zwar durch Anregung hermetischer Literatur, aber ohne griechische Vorlage, zuerst formuliert wurde, war es nicht anders. Gegen eine solche geheiligte Überlieferung kam die Kunde, die man von historischen Alchemisten hatte — als wichtigster nicht-pseudonymer Autor ist hier Zosimos aus Panopolis (4. Jahrhundert) zu nennen — nicht auf. Die arabischen Autoren, welche sich diesen griechischen Alchemisten anverwandeln, sind nur selten zu identifizieren. Wichtiger als die vielen Namen, die bekannt sind, ist hier ihre Eigenart im Verhältnis zu der der Griechen.

Die geistig höher Stehenden unter diesen hatten keinen Zweifel daran gelassen, daß es sich in ihren Schriften um eine Erlösungslehre und bei ihrem Handwerk um einen sittlichen Läuterungsprozeß handelt. Damit bleibt freilich immer unlöslich der chemische Aberglaube verbunden, daß die Wiedergeburt der Seele die Wiedergeburt der Metalle — und umgekehrt — vollbringen kann und wird, weil die menschliche Seele ein Teil der großen Weltseele ist, die ihrerseits als Erste Materie namentlich der Metalle gilt und als solche beeinflußt, ja sogar gefärbt werden kann. Man hat nun vielfach angenommen, daß das Erlösungsbemühen der Alchemisten auch das damit verbundene chemo-technische Handwerk soweit gefördert hat, daß es schließlich Eigenleben gewinnen konnte. Die Alchemie wäre dann die religiöse Wurzel der chemischen Wissenschaft. Wenn man dies als gegeben hinnimmt, kann man leicht zu der Annahme kommen, daß die Chemie aus der Alchemie in Folge eines Säkularisierungsprozesses entstanden ist. Neuere Forschungen zur Geschichte der Alchemie und der Naturwissenschaften zeigen jedoch, daß hier zwischen dem Abendland und dem Orient beziehungsweise zwischen der lateinischen und der arabischen Alchemie beträchtliche Unterschiede bestehen. Schon der Alte Orient hatte eine Metallurgie und Färbetechnik entwickelt, die zu erstaunlichen Leistungen fähig war. Wenn diese beiden Künste auch vornehmlich von Priestern betrieben wurden, und wenn dies auch eine magische Zusammenarbeit mit der Natur sein sollte, so sind diese Künste doch weder religiös motivierte Tätigkeiten gewesen, noch standen sie im Dienste der Religion. Bei den arabischen Alchemisten ist dies meistens so geblieben. Beschränkt man sein Augenmerk bewußt auf die chemisch-technologische Seite der Alchemie und sieht von ihrer gnostischen ab, so ist für die arabischen Autoren die Frage, ob das spekulative Erlösungsinteresse der Alchemisten ihre Kenntnis von den Stoffen und ihr chemisches Handwerk gefördert oder gedrosselt hat, zweifach zu beantworten: Das Wissen wurde gedrosselt, wenn die mystische Tendenz und die Symbolik im Text stärker war; es wurde gefördert, wenn die Decknamen wirkliche Elemente frei gaben und damit der Möglichkeit nachgeholfen wurde, eine technische Erfindung oder eine naturwissenschaftliche Entdeckung zu machen.

Bereits am Anfang des 8. Jahrhunderts hat Dschabir ibn Hayyan, der im Abendland als Geber bekannt wurde, chemische Beobachtungen und Experimente angestellt, die nichts mehr mit der Verwandlung niederer Metalle in Gold zu tun haben. Und der mehr als hundert Jahre später lebende Razi (lat. Rhases) hat die Alchemie geradezu revolutioniert, indem er die bisherige Bedeutung von Experiment und Spekulation füreinander umkehrte. Apparate im Laboratorium, Kenntnis der Soffe, Beherrschung chemischer Prozesse und Herstellung neuer Legierungen begannen nun, die Hauptrolle zu spielen. Noch deutlicher war es bei denjenigen arabischen Philosophen, die zugleich Ärzte waren und sich um ihrer Heilkunst willen für die Alchemie interessierten. Was sie trieben, war wirkliche Naturwissenschaft, und sie schrieben sie ausführlich auf.

Die Astrologie ist insofern mit der Alchemie verwandt, als die Namen von Gestirnen und Metallen symbolisch füreinander eintreten könnten, und die Lehre von den Kräften, welche die Welt durchwalten, die gleiche ist. Das Verhältnis der Astrologie zur Astronomie ist hier dem der Alchemie zur Chemie aber nicht analog, wurde doch beides in einer bis in die Neuzeit gehenden, heute nur noch schwer verständlichen Praxis von jeweils denselben Gelehrten in Personalunion betrieben. So war es bei den Griechen gewesen, und so führten es die Araber weiter. Sie kannten den größten von allen, Ptolemaios von Alexandria mit seinem *Tetrabiblos* und der *Megiste Syntaxis*, die im Arabischen zum *Almagest* wurde (2. Jahrhundert n. Chr.), ferner Aratos von Soloi, Teukros von Babylon, Dorotheos von Sidon. Auch in der astronomisch-astrologischen Literatur ist vieles pseudoepigraphisch, zum Beispiel wieder unter dem Namen des Aristoteles und des Hermes, auch des Zarathustra und des Ostanes aus Iran. Vor allem unter dem Namen des Hermes haben astrologisch-astronomische Lehren geradezu gewuchert. Aber auch hier findet sich eine Weiterentwicklung astronomisch-wissenschaftlicher Kenntnisse, von deren weiterbestehender Verbindung zur Astrologie man gerade absehen kann. Der berühmteste Astrologe dieses Typs ist Abu Ma'schar (8./9. Jahrhundert) aus Balch, von dem ein großartiges Corpus von Schriften erhalten ist. An Bedeutung folgen ihm im 9. Jahrhundert Yahya ibn Abi Mansur, Sahl ibn Bischr und der Universalgelehrte, meist als Philosoph zitierte al-Kindi.

Im Prinzip bleibt die arabische Astronomie/Astrologie, über deren Säkularität sonst dasselbe gilt wie für die Alchemie, deutlicher hellenistisch als diese. Jedoch kann man nicht davon absehen, wie verpflichtet die hellenistische Astrologie/Astronomie ihrerseits der babylonischen gewesen ist. Das Problem der Enthellenisierung stellt sich hier als eines orientalischer Kontinuität dar, wenn man Enthellenisierung nicht rein äußerlich da konstatieren will, wo die astrologische Komponente der Gestirnkunde aufhört. Oder kann man die Frage auch so stellen: Brachten die Araber technologische Impulse von sich aus mit, ähnlich wie ihre Vorgänger im Alten Orient von sich aus zur Metallurgie in der Lage waren, so daß die auf diesem Gebiet tätigen Araber (beziehungsweise arabisch schreibenden Perser) sich von den Babyloniern nur durch das Fehlen der Magie unterscheiden würden? Und wenn ja, was sollte dann noch die Verbindung mit der eigentlichen, der mystischen Alchemie? Das alles sind offene Fragen. Tatsache ist, daß beim Übergang der alten, arabisierten Wissenschaften ins lateinische Mittelalter unter dem gemeinsamen Namen *al-Kimiya* neben die mystisch-theoretische Alchemie eine rein naturwissenschaftliche Chemie getreten war, an deren Zustandekommen die Araber maßgeblichen Anteil hatten. Sie wurde mitübersetzt und blieb bis ins 17. Jahrhundert hinein in Europa der literarische Hauptbestandteil der Naturwissenschaft. Daneben ist die fortdauernde Bedeutung der eigentlichen Alchemie nicht zu übersehen, die katalysatorisch auf die wissenschaftlichen Bemühungen aller bedeutenden Geister des Mittelalters und der beginnenden Neuzeit einwirkte.

Arabisierte Christen und christianisierte Araber

Blicken wir an dieser Stelle noch einmal kurz zurück. Wir haben einerseits die von der christlichen auf die islamische Welt gerichteten Impulse in der zweifachen Form der Kreuzzüge und der Mission skizziert, sodann die vom Islam ausgehenden Impulse in Form des Krieges und fast ineins damit der Kulturübertragung, die vor allem in

Spanien auf so großes abendländisches Interesse stieß. Auf diese vielfach motivierte Weise kam in Europa eine Bildung auf, die ohne das Arabertum nicht denkbar wäre. Das Bild von ihr wäre aber nicht vollständig, wenn man nicht eines letzten Faktors gedächte, welcher Wissen vom arabischen Orient in Europa einführte und lebendig erhielt: der Unionen der römisch-katholischen Kirche mit den orientalischen Nationalkirchen. Wir haben des Orientchristentums, namentlich der nestorianischen Kirche, schon in seiner Rolle als Vermittler der »alten Wissenschaften« *('ulum al-qadima)* im Iraq und in Syrien gedacht; hier ging es um die Übertragung aus dem Griechischen ins Arabische. Bei der Übertragung vom Arabischen ins Lateinische ging es, wie wir schon beim *Glossarium Latino-Arabicum* hörten, ebenfalls nicht ohne Hilfe der Christen. Man nannte sie, wie oben erwähnt, in Spanien *Musta'rib* (Mozaraber); sie blieben dem Bekenntnis nach Christen, hatten aber arabische Sprache und Kultur angenommen. In seltenen Fällen war ein *Musta'rib* auch ein konvertierter Muslim, der seine arabische Sprache natürlich behalten hatte.

Doch schon vor der mozarabischen Literatur war in Ägypten und Syrien eine umfangreiche christlich-arabische Literatur entstanden. Sie erlebte vor allem im 10.-14. Jahrhundert eine ungeahnte Blüte, zu derselben Zeit also, als die alten Kirchensprachen, das Syrische und das Koptische, langsam zugrunde gingen und bald nur noch ein literarisches Dasein fristeten. Davon konnte beim Christlich-Arabischen keine Rede sein; es ruhte fest in einer lebendigen Volkssprache, vor allem im südlichen Palästina und auf der Sinaihalbinsel. Die christlich-arabische Literatur war teilweise Übersetzungsliteratur (aus dem Griechischen auf dem Sinai, aus dem Lateinischen bei den Mozarabern, aus dem Syrischen bei Jakob Baradaios und mehreren Nestorianern), großenteils aber originär arabisch. Inhaltlich war sie durchaus nicht nur theologischen, sondern auch profanwissenschaftlichen Inhalts, so vor allem vom 8.-11. Jahrhundert. Bedeutende Autoren waren zweisprachig, so Sa'id ibn al Batriq (Eutychius, Sohn des Patricius), Patriarch von Alexandrien von 933-940, koptisch und arabisch, sowie der große Bar Hebräus syrisch und arabisch. Das christliche Arabisch wäre freilich von den arabischen Nationalgrammatikern nicht als vollgültig anerkannt worden; kulturgeschichtlich ist seine Existenz dafür umso interessanter, war hier doch eine Sprache, die ursprünglich als integrierendes Medium islamischer Selbstaussage galt, in einem anderen Glaubenskreis, und damit oft auch auf ganz andere Gegenstände, angewandt worden. In dieser Hinsicht ist die christlich-arabische Literatur dem arabischen Schrifttum der Juden und Samaritaner vergleichbar.

Ich muß mir hier einen kirchengeschichtlichen Exkurs darüber ersparen, auf welche Weise die orientalischen Nationalkirchen überhaupt zu ihrer Eigenart gekommen sind. Auch die Gründe, die zu ihren mannigfachen Unionen mit der römisch-katholischen Kirche führten, sind zu vielfältig, als daß sie hier alle genannt werden könnten. Seitens der römischen Kirche war der wichtigste, daß sie ihre Leitidee der *una sancta ecclesia catholica* auch in einer kirchenrechtlich greifbaren Form manifestieren wollte; die orientalischen Kirchen strebten nach Unionen, um inmitten ihrer islamischen Umwelt theologische und materielle Hilfe (etwa bei Ausbildung der Priester oder beim Kirchenbau) zu bekommen.

Die Aufgabe

Es wäre die Aufgabe einer umfassenden Kulturtheorie, die verschiedenen Schichten aufeinander zu beziehen, in denen sich Angst und Vertrautheit, Abgrenzung und Annahme, wahrer und falscher Glaube auf islamisch-orientalischer wie auf christlich-europäischer Seite selbst definierten. Hier ging es nur um die Vergegenwärtigung lange bekannter Tatsachen, allerdings unter dem für die Forschungsleistung unserer Väter noch nicht so wichtigen Gesichtspunkt, daß diese Vergegenwärtigung dazu beitragen kann, einige unserer »Schwierigkeiten mit dem Islam« zu beheben.

Literatur

Badawi, Ahmad: *Plotinus apud Arabes* (Islamica 20), Kairo 1955

Bardenhewer, Otto: *Die pseudo-aristotelische Schrift »über das reine Gute«, bekannt unter dem Namen »Liber de causis«*, Freiburg 1882, Nachdruck Frankfurt o. J.

Baumstark, Anton: *Geschichte der syrischen Literatur mit Ausschluß der christlich-palästinensischen Texte*, Bonn 1922

Dieterici, Friedrich: *Die sogenannte Theologie des Aristoteles, aus dem Arabischen übersetzt und mit Anmerkungen versehen von Fr. Dieterici*, Leipzig 1883

Endress, Gerhard: Die wissenschaftliche Literatur, in: Helmut Gätje (Hrsg.), *Grundriss der arabischen Philologie*, Bd. 2, Wiesbaden 1987, S. 400-530

Forbes, R. J.: *Studies in Ancient Technology*, 7 Bde, Leiden 1955-1963

Fück, Johann: *Die arabischen Studien in Europa bis in den Anfang des 20. Jahrhunderts*, Leipzig 1955

Graf, Georg: *Geschichte der christlichen arabischen Literatur*, 5 Bde (Studi e Testi 118, 133, 146, 147, 172), Vatikanstadt 1944-1953

Holmyard, E. John: *Alchemy*, Harmondsworth 1957

Hunke, Sigrid: *Allahs Sonne über dem Abendland*, Stuttgart 1960

Kraus, Paul und Walzer, Richard: *Galeni Compendium Timaei Platonis* (Plato Arabus I), London 1951

Massignon, Louis: Inventaire de la littérature hermétique Arabe, in: A.-J. Festugière, *La Révélation d'Hermès Trismégiste*, Bd. 1, 3. Aufl., Paris 1950, S. 384-400

Ruska, Julius: *Al-Razi's Buch der Geheimnisse, mit Einleitung und Erläuterungen in deutscher Übersetzung*, Berlin 1937

Ryssel, Victor: *Georgs des Araberbischofs Gedichte und Briefe*, Leipzig 1841

Schall, Anton: *Studien über griechische Fremdwörter im Syrischen*, Darmstadt 1960 (S. 25-129 zum Überhandnehmen der Wörter aus griechischer Philosophie und Ethik nach dem Eindringen von griechischen Begriffen aus dem römischen Staatswesen und der materiellen Kultur mit zunehmender Christianisierung des Syrischen)

Schimmel, Annemarie: *Mystische Dimensionen des Islam*, Köln 1985

Spuler, Bertold: Sieben Kapitel über das Orientchristentum, in: *Religionsgeschichte des Orients in der Zeit der Weltreligionen* (Handbuch der Orientalistik, 1. Abteilung VIII 2), Leiden/Köln 1961, S. 120-324

Steinschneider, Moritz: *Die arabischen Übersetzungen aus dem Griechischen;* ursprünglich in drei verschiedenen Zeitschriften, in Buchform erstmalig Graz 1960

ders.: *Die hebräischen Übersetzungen des Mittelalters und die Juden als Dolmetscher*, Berlin 1893, Neudr. Graz 1956

ders.: *Die europäischen Übersetzungen aus dem Arabischen bis Mitte des 17. Jahrhunderts*, Sitz.-Ber. der kaiserlichen Akademie der Wissenschaften zu Wien 1905 und 1906, in Buchform Graz 1956

ders.: *Die arabische Literatur der Juden*, Frankfurt 1902

Ullmann, Manfred: Die Medizin im Islam, in: *Handbuch der Orientalistik*, Abteilung I Erg.-Bd. VI, 1. Abschnitt, Leiden/Köln 1970

ders.: Die Natur- und Geheimwissenschaften im Islam (ebda 2. Abschnitt), Leiden/Köln 1972

Werte und Gegenwerte

Zu einigen islamischen und westlichen Wert- und Weltvorstellungen

Fremdheit und Verwandtschaft als Tatbestände für beiderseitige Identitätssuche

Nationale Vielfalt und ökumenische Einheit in der Selbstbesinnung der Muslime

Obwohl man seit einigen Jahren von einer allgemeinen islamischen Renaissance sprechen darf, sind die politischen Entwicklungen in den islamischen Ländern im einzelnen recht unterschiedlich gewesen. Man braucht nicht gleich an den iranisch-irakischen Krieg zu denken, der die Verhältnisse in den beiden beteiligten Ländern überdeutlich gemacht hat. Es genügt, die am 7. November 1982 angenommene neue türkische Verfassung mit der iranischen zu vergleichen, oder daran zu erinnern, daß kürzlich in Ägypten in einem Schauprozeß an die dreihundert Personen wegen islamisch begründeter politischer Aktivitäten nach iranischem Muster auf Hochverrat verklagt und mit dem Tode, beziehungsweise hohen Gefängnisstrafen bedroht wurden: An diesen wie an vielen anderen Sachverhalten zeigt sich die Unterschiedlichkeit der Entwicklungen auf den ersten Blick. Und dieses Spektrum vervielfältigt sich noch, wenn man mit in Betracht zieht, wie wechselnd sich islamische Staaten außenpolitisch orientieren.

Ein paralleler Befund zu dieser Polarität von Einheitlichkeit und Vielfalt ergibt sich, wenn man das Selbstverständnis der Muslime in der Diaspora betrachtet. Während sie von den derzeitigen politischen Restaurationen und insbesondere den wirtschaftlichen Krisen so übereinstimmend hart getroffen werden, daß sie sich sogar über die Grenzen ihrer Gastländer hinweg zu verständigen beginnen, wirken sich die Entwicklungen in ihren Heimatländern auf sie unterschiedlich aus. Das hat drei Gründe:

Einmal liegt es an den Generationsunterschieden und politischen Bewußtseinsgraden innerhalb der islamischen

Minoritäten in den westlichen Industrieländern selbst. Verschiedene Gruppen verhalten sich zu den politischen Verhältnissen in ihrer Heimat durchaus unterschiedlich.

Der zweite Grund für die Vielfalt liegt darin, daß es eben die unterschiedlichen Bewegungen in den Heimatländern sind, mit denen sich die Minderheiten, die außerhalb davon leben, auseinanderzusetzen haben. So stellt für Muslime aus Ägypten und Syrien der israelisch-palästinensische Krieg im Libanon ein anderes Problem dar als für solche aus Afghanistan, deren Angehörige unter einer sowjetischen Besatzung leben.

Die größte Komplikation aber resultiert aus dem dritten Grund: Muslime in westlichen Gastländern können sich mit Vorgängen in islamischen Staaten solidarisieren, die nicht ihre Heimatländer sind, und zu denen sie, lebten sie weiterhin daheim, wahrscheinlich eine andere Stellung einnehmen würden. So ist für Muslime aller Nationen, auch für Türken, die doch überwiegend der sunnitischen Richtung des Islam angehören, die Errichtung eines schiitisch-islamischen Staates nach der iranischen Revolution gleichwohl ein Anstoß zur Rückbesinnung auf die Werte des Islam als mögliche Alternative für die Zukunft geworden, und dies nicht einmal in erster Linie deshalb, weil auch in der Türkei als Reaktion gegen den kemalistisch-weltlichen Staat theokratische Tendenzen aufgekommen sind.

Die Multiplikation der Verhaltensweisen, welche durch die Mehrzahl der Faktoren bei Muslimen in Gast- und Heimatländern zustandekommt, macht europäischen und nordamerikanischen Gastgebern die Orientierung besonders schwer. Fast kann man sagen, daß die nationale Vielfalt, welche den Muslimen ihre Identitätssuche in gleichem Maße erschwert, wie die ökumenisch-islamische Einheit sie ihnen erleichtert, den Tatbestand ihrer Fremdheit in westlichen Ländern noch verstärkt. Will man sich hier nicht, aus welchem Grund auch immer, mit einer bestimmten politischen Richtung identifizieren — so mit einer der jetzt für zehn Jahre verbotenen türkischen Parteien, oder mit den faktisch einen Bürgerkrieg ausfechtenden iranischen Volksmudschahedin oder Chomeini-Anhängern, oder mit einem für besonders repräsentativ gehaltenen Volk (zum Beispiel den Palästinensern), oder mit einem für besonders repräsentativ gehaltenen Staat (zum Beispiel Libyen) —, so ist die Versuchung zu unsolidarischer Abstinenz besonders groß.

Dabei müßten die Bürger westlicher Länder, und unter ihnen besonders die Christen, in all dem auch ein verwandtes Problem erkennen; ist ihnen doch die Spannung zwischen nationaler oder kirchlicher Vielfalt hier, militärischen und wirtschaftlichen Bündnissen oder christlicher Ökumene dort gut bekannt. Aber es gilt nicht nur, sich dies bewußt zu machen, man muß noch weitere Besonderheiten ihrer Fremdheit entkleiden, die häufig auf den ersten Blick für nur islamisch gehalten werden, die aber in Wirklichkeit viel mit westlichen Phänomenen gemeinsam haben oder sogar historisch mit ihnen verbunden sind.

Es kann sich dabei außerdem herausstellen, warum man gerade das Verwandte gegenseitig als fremd empfindet. Beides, Bewußtsein von Fremdheit wie von Verwandtschaft zwischen westlicher und islamischer Welt, kann zur Identitätsfindung beitragen, und zwar nicht nur auf islamischer, sondern auch auf westlicher Seite, wo sich die Notwendigkeit dazu gerade in dieser Begegnungssituation neu ergeben hat. Es ist für beide Seiten so wie beim Erlernen einer neuen Sprache: Man macht sie sich als Fremdsprache, die sie auch bleibt, zu eigen und lernt gleichzeitig seine Muttersprache besser verstehen.

»Westlich« und »politisch-islamisch« statt »jüdisch-christlich« und »religiös-islamisch«

Es mag befremdlich wirken, von da aus die Forderung abzuleiten, in dem so auf Herausarbeitung von Verwandtschaft ausgerichteten christlich-islamischen Dialog nicht nur die Glaubensunterschiede stehen zu lassen, sondern in ihn außerdem noch das Bewußtsein der Fremdheit und die Gründe für diese einzuführen. Und doch muß es einmal sein, sonst wird man hinterher zu sehr enttäuscht. Man muß sich dafür zuerst klarmachen, daß Denkweisen, die man sonst gern als theologische oder politische isoliert, unter dem Stichwort »westlich« einander zugeordnet werden müssen. Denn erst dann wird die Distanz deutlich, in welche sie faktisch zu ihren islamischen Gegenstücken getreten sind, während sie mit diesen als theologische oder politische paradoxerweise leichter verglichen werden können. Es zeigt sich zum Beispiel, daß die Sicht eines Christen beziehungsweise Theologen nur charakteristische Besonderheit einer breiter fundierten Sicht ist, wie sie in unseren Medien zwar völlig verzerrt erscheint, welche aber in ihrer Verwurzelung im Spannungsfeld zwischen unserer Zivilisation und unserem Glauben doch eine Qualität bekommen hat, die sie von einer rein geistesgeschichtlich verstandenen ziemlich unterscheidet.

In Westeuropa und Nordamerika, die als eine unserer drei oder vier Welten zusammengehören, hat eben die Denkweise, welche theologisch wohl als reine Lehre beschreibbar wäre, im öffentlichen Gesamtzusammenhang eine Funktion bekommen, welche sie selbstbewußten Muslimen höchst verdächtig macht. »Theologisch« bezeichnet hier dann nur noch einen Zusammenhang, in welchem zwischen christlichen und jüdischen Überlieferungen oft zwar in ihrer tatsächlichen historischen Ausprägung, aber nicht funktional unterschieden werden darf. Die Verbindung zwischen den beiden Worten »westlich« und »theologisch« deckt dann, auf den ersten Blick leider nur ungenau erkennbar, ein Zweifaches: Sie bedeutet einmal, daß die theologische Sicht nicht, was auch möglich wäre, eine islamische oder buddhistische ist, sondern eben eine westliche, das heißt jüdisch-christliche. Die Wortverbindung bedeutet zum anderen, daß die jüdisch-christliche theologische Sicht, entweder kraft ihrer historischen Herkunft oder in neuer Säkularisierung, eng mit dem politischen, gesellschaftlichen und kulturellen Bereich verschwistert ist, den man im Unterschied zum Orient eben »Okzident«, Westen, zu nennen pflegt. Auch daraus muß grundsätzlich immer so viel wie möglich in die Betrachtung einbezogen werden, damit das rein Theologische nicht isoliert zur Sprache kommt.

Erst, wenn man sich die weltanschaulich-ideologische Verwestlichung der jüdisch-christlichen — mit der religiös-islamischen an sich verwandten — Tradition klargemacht hat, kann man mit der notwendigen *Epoche,* mit Inne- und Zurückhaltung neu untersuchen, welchen Anteil an der vielverhandelten Gemeinsamkeit des hellenistischen Erbes in Abendland und Islam das politische Denken und die politische Praxis hat. Es wäre sodann die gleichfalls schon oft angegangene Untersuchung der biblischen Religion im Koran auf die Frage zuzuspitzen, was für das dortige Verständnis Jesu die koranische Prophetologie besagt, derzufolge der Apostel *(rasul)* wohl zu gleicher Zeit Prophet *(nabi)*, aber der Prophet nicht unbedingt zugleich Apostel ist. Das ist wichtig, weil das enge Verhältnis zwischen dem Apostel und seinem Volke (seiner *umma*), welches durch Gottes Sendung eines jeweils einzigen Apostels zu jeder *umma* zustandekommt, eine politische Leitung »seines« Christenvolkes durch Jesus nach islamischem Verständnis eventuell einschließen würde. Es ist dann von christlicher Seite schwieriger als es rein biblizistisch möglich wäre zu erklären, warum die Christenheit von dieser Möglichkeit keinen Gebrauch macht, sondern die Rolle Jesu genau so unpolitisch läßt wie die der vielen *nabi*.

Von der Politisierbarkeit des geistlichen Leiters her bekommt man die bekannte strukturelle Übereinstimmung des schiitisch-imamitischen Mahdismus mit dem Messianismus der jüdischen und judenchristlichen Apokalyptik neu in den Blick. Dazu bedarf es aber noch der Berücksichtigung einer weiteren wichtigen Besonderheit. Diese ist das Leidens-Charisma der *Schia*, welches in Vergegenwärtigung des Martyriums Husseins und der folgenden Imame das Sterben zur höchsten Stufe des Lebens macht, den Tod ins Leben hineinnimmt und Zehntausende unter den Gewehren der Schah-Armee unbewaffnet den Zeugentod sterben ließ. Solche Todesbejahung führte die Soldaten zu plötzlicher Einsicht in die Sinnlosigkeit von Terror und Tyrannei. Das Leidens-Charisma fordert Klärung seiner Beziehungen zur Solidarität mit dem Leidenden im Judentum, ja zur ganzen jüdischen Leidens- und wohl auch zur christlichen Kreuzes-Theologie; aber gleichzeitig muß deutlich gemacht werden, warum der Westen und der Islam sich darüber fremd wurden, das heißt, inwieweit es hier eine spirituelle Angelegenheit, dort eine politische Realität geworden ist.

Die Politizität oder Materialität von Denkweisen erweist sich als das Kriterium, anhand dessen man konstatieren kann, wieso weiterhin Verwandtschaft zwischen der islamischen Welt und dem das Politisch-Materielle auf anderer Ebene erledigenden Westen besteht, und wo zwischen beiden Welten Fremdheit entstanden ist. Das hat Konsequenzen auch für andere Bereiche. Bedenkt man zum Beispiel, daß die Zeit nicht fern sein könnte, wo man den Christen nicht an seiner Fähigkeit erkennen will, inwieweit er seine Tradition vom jeweiligen Zeitgeist her zu interpretieren fähig ist, sondern einfach an dem, was er tut und was er nicht tut, so ergibt sich ein neuartiger Vergleich zwischen jüdisch-christlicher Ethik und islamischem Sittenkodex; der letztere hat die Funktion, das Gegebensein von Islam evident zu machen, immer gehabt, während die erstere erst »materialisiert« werden muß, um insbesondere Christentum erkennen zu lassen. Weiter muß erkannt werden, daß etwa die iranische Revolution sehr viel allgemeine ökologische Komponenten hat, daß also das, was sich dort als Protest gegen kapitalistische Überindustrialisierung durch den Westen äußert, genau mit dem übereinstimmt, was wir gegen die Zerstörung von Gottes Schöpfung durch unsere eigene Gesellschaftsordnung einzuwenden haben. So muß sogar die Gedankenwelt eines Ali Schariati (1933-1977), der mehr war als ein Chefideologe der iranischen Revolution und geistiger Vater ihrer »Volks-Glaubenskämpfer« *(mudschahedin-e chalq)*, mit dem religiösen Sozialismus bei uns seit dem Ausgang des vorigen Jahrhunderts verglichen werden, und es ist zu prüfen, was aus beiden gemeinsam für einen neuen politischen Ökosozialismus gewonnen werden kann, ohne den unsere Welt hier wie dort zugrundegerichtet werden wird.

Fremd erscheint uns die neu propagierte islamische Wirtschaftsethik, weil sie sich zu modernen Problemen wie Arbeitslosigkeit, Gewerkschaftsbewegungen, Unterentwicklung, Geld- und Investitionspolitik so gar nicht fügt. Und doch stimmt sie verblüffend mit den Wirtschaftslehren unserer Kirchenväter überein, nicht zuletzt, weil die sozialen und geographischen Gegebenheiten in ihrer Heimat — Nordafrika und anderen Mittelmeerländern — und der Heimat Mohammeds sowie der großen islamischen Rechtsgelehrten weitgehend übereinstimmten. Fremd erscheinen heute den islamischen Fundamentalisten und Modernisten die ökonomischen Theorien des Westens, und doch können sie nicht umhin, viele von ihnen in ihr neues Gesellschaftsbild aufzunehmen — islamisch ist dann nur noch die mit der theologischen übereinstimmende Rationalität, welche etwas anderes ist als unsere vom Glauben freigesetzte Vernunft.

Fremd ist uns heute die Binnenmoral einer islamischen Familie (Herrschaft des Vaters, Häuslichkeit der Mutter, unterschiedliche Geschlechtsnormen für Söhne und Töchter), aber bei genauerem Hinsehen ist sie fast dieselbe, die bei uns noch vor zwanzig Jahren herrschte. Unsere eigene Vergangenheit ist uns in manchen Bereichen fremder geworden, als manches in der islamischen Gegenwart uns zu sein brauchte.

Fremde Verwandte: die Theokratien

Grundsätzliches islamisches Verständnis

Unter den eingangs angedeuteten übernational wirksam gewordenen Erneuerungsbewegungen war es unstreitig die islamische Revolution mit ihrem Anführer Chomeini, welche viele Muslime in der Diaspora auf den Weg zu neuer Identitätsbildung gebracht hat. Zugleich haben Chomeinis für viele Irrwege offene Regelungen, wie sie immer getroffen werden müssen, wenn man nur Gott über diese Welt herrschen lassen will, im Westen das meiste Befremden hervorgerufen. Es gibt für die Summe dieser Regelungen den Namen Theokratie, »Gottesherrschaft«. Sie ist in den Verständigungsschwierigkeiten zwischen der westlichen und der islamischen Welt, auch wenn sie nicht — wie neuerdings sogar einige türkische Richtungen — das darin eingeschlossene Verhältnis zwischen politischer Führung und geistlicher Leitung neu zur Debatte stellt, der gewichtigste Komplex. Deshalb wird sie im folgenden ausführlicher erörtert.

Unter den zur Zeit Mohammeds

»gegebenen Umständen äußerte sich die Kraft der Religion vorwiegend politisch. Sie schuf eine Gemeinschaft, und über ihr eine Autorität, die Gehorsam fand. Allah personifizierte die Staatshoheit; ... das Heer und die öffentlichen Einrichtungen wurden nach Allah benannt. Der bis dahin den Arabern überhaupt fremde Begriff der Obrigkeit wurde durch Allah eingeführt. Es war damit der Gedanke verbunden, daß nicht eine äußere und menschliche Gewalt, sondern allein eine innerlich anerkannte, über den Menschen stehende Macht das Recht zur Herrschaft habe. Die Theokratie ist die Negation des M u l k, des menschlichen Königtums ... Man kann die Theokratie definieren als das Gemeinwesen, an dessen Spitze nicht der König und die angemaßte oder ererbte Gewalt steht, sondern der Prophet und das Recht Gottes. ... Die Theokratie hatte auch

keine Ähnlichkeit mit einer Republik, trotz dem Gedanken, daß alle Untertanen Allahs in gleichem Verhältnis zu ihm stehen. Das Hauptkennzeichen der Republik, die Abstimmungen und Wahlen durch das Volk, fehlte gänzlich. Der Supremat war nicht bei dem Volke, sondern bei dem Propheten. Er allein hatte ein festes, sogar göttliches Amt . . . Die muslimische Theokratie wurde nicht durch eine Organisation von besonderer Heiligkeit abgestempelt; in dieser Hinsicht hatte sie keine Ähnlichkeit mit der jüdischen nach dem Exil. Es gab keinen Priesterstand, keinen Unterschied von Klerus und Laien, von geistlichen und weltlichen Geschäften. Allah wirkte gleichmäßig in allen Funktionen und Organen des Gemeinwesens. Die Rechtsprechung und der Krieg waren ebenso heilige Geschäfte wie der Gottesdienst. Die Moschee vertrat zugleich das Forum und den Exerzierplatz; die Gemeinde war auch das Heer, der Vorbeter (Imam) auch der Anführer«.
(Wellhausen, 1960², S. 5 f.).

Angesichts der Aktualität, welche die iranische Revolution der Diskussion dieser Staatsform wieder verliehen hat, muß man sich außerdem klarmachen, womit sie nicht verwechselt werden darf. Sie bedeutet nicht, daß der Herrscher von Gottes Gnaden amtiert oder selbst priesterliche Funktionen ausübt. Die Theokratie setzt oft die Verselbständigung des Priestertums gegenüber dem Königtum, auch gegenüber dem Priesterkönigtum voraus. Ein Konflikt zwischen der Religion und ihren Repräsentanten einerseits, dem Staat und seinen Vertretern andererseits ist dann immer möglich. In der reinsten Form von Theokratie aber gilt Herrschaft nicht nur als von Gott gewollt und eingesetzt, sie muß auch unter besonderer Leitung und in Stellvertretung der Gottheit geschehen. Solche stellvertretenden Herrscher können Priester sein, wo die betreffende Religion eine solche Institution im strengen Sinne kennt, es kann aber auch ein religiöser Repräsentant, Funktions- oder Würdenträger anderer Art sein. Einen Grad weniger rein ist die Theokratie verwirklicht, wo ein Priestertum oder Entsprechendes über einem König- oder sonstigen Herrschertum steht.

Der Islam stellt bis heute nicht zuletzt durch seine politische Theorie einen Religions- und in eins damit einen Gesellschaftstyp dar, den man jedenfalls in der Theorie weiterhin theokratisch nennen muß. Der Staat wurde nicht Kirche oder Kirchenstaat, sondern Organismus der Religion. Obwohl der Prophet Mohammed darauf bestand, daß er ein arabischer Prophet mit einer besonderen Botschaft für das Volk der Araber war, deutet seine Vorstellung vom Gläubigen und Ungläubigen sowie vom Glauben und der Art seiner Verbreitung darauf hin, daß die Gemeinschaft, die zu begründen er im Begriff stand, sowohl etwas Engeres als auch etwas Weiteres war als eine spezifisch ethnische oder territoriale Gruppe. Die islamischen Gemeinschaften in Mohammeds späteren Lebensjahren und unter dem frühesten Kalifat sind dann wirkliche Theokratien geworden. Sie wurden nach dem geoffenbarten Buch (Koran) und im Geiste des Propheten von dessen Stellvertreter geleitet, dem Kalifen, der in Einzelfällen sogar als Stellvertreter Gottes interpretiert werden konnte; im letzteren Falle galten die Qadis (Richter) als Kalifen des Propheten. Wo immer das heilige Gesetz als gültig anerkannt und befolgt wurde, und wo die Menschen als wahre Muslime unter der Führerschaft des gottgeleiteten Kalifen lebten, da existierte, jedenfalls nach sunnitischer Theorie, ein islamischer Staat. Dieser Begriff wurde auch, und immer noch mit Recht, festgehalten, als unter den Omajjaden die dreifache Regierungsfunktion — politische Verwaltung, Eintreiben von Steuern, religiöse Leitung — von drei verschiedenen Beamten wahrgenommen wurde. Deutlicher trat der theokratische Charakter des islamischen Staates wieder unter dem abbasidischen Kalifat hervor, mit dem sich eine bestimmte theologische Richtung als Orthodoxie durchsetzte, die auf den Hof in Bagdad großen Einfluß ausübte. Im Prinzip war es nicht anders bei den Kalifaten, die zeitweise daneben bestanden oder sogar länger währten, wie das spanisch-omaijadische in Cordoba und das fatimidische in Kairo.

Konflikte, die denen zwischen Kaiser und Papst im mittelalterlichen Europa vergleichbar wären, konnten im Islam nicht aufkommen, weil es dort keine Spannung zwischen Gesetz und Evangelium gab wie bei Paulus, und weil keine besondere kirchliche Körperschaft, geschweige denn eine hierarchische Verfassung existierte.

Ausprägung im schiitischen Iran

Während in der *Sunna* »Kalif« und »Amir al-Mu'minin« (»Fürst der Gläubigen«) die obersten Titel sind, bezeichnet in der Schia in erster Linie der Imam-Titel das Haupt des Staates. Es gehen darin die metaphysisch-übergeschichtliche Bedeutung, die den in der Verborgenheit auf seine Wiederkunft wartenden *Imam-Mahdi* meint, und die konkret-zeitliche Bedeutung, mit welcher der anerkannte Leiter der jeweiligen schiitischen Gemeinschaft auf Erden bezeichnet wird, ineinander über. Als geistige Vertreter des verborgenen Imam auf Erden sehen sich die *Ulama* (Religionsgelehrten) an, die schon immer jeder Staatsform mißtrauisch gegenüberstanden, welche nicht die des verborgenen Imams ist — in Iran also dem Schah. Für ihre Erkenntnisfähigkeit wird der Gebrauch der Vernunft besonders hoch bewertet, welche zu einem Teil übernatürliche Einsicht *(irfan)* durch Verbindung mit dem verborgenen Imam ist. Kraft dieser sind es insbesondere die *Mudschtahids*, das sind diejenigen, die eine selbständige Entscheidung von Rechtsfragen aufgrund der Interpretation der Quellen treffen dürfen und können (auch wenn diese der Tradition widersprechen), welche zwar nicht nach einer institutionellen Theorie, wohl aber in der Praxis in den oberen Rang einer Hierarchie gerückt sind. Unter ihnen rangieren die *Muqallids*, diejenigen, welche die Entscheidung einer Rechtsschule oder eines *Mudschtahid* nur übernehmen. Die vorzüglichsten *Mudschtahids* sind, aufgrund von nichts anderem als Konsensus und Zustimmung, die *Ayatollahs* (»Zeichen Gottes«), unter denen in jeder Generation noch einmal zwei oder drei *Mardscha'-e taqlids* (»Autoritäten für die Entscheidungsübernahme«) hervorgehoben sind. Seit die *Ulama* insgesamt, zuerst in Reaktion gegen die Ungerechtigkeiten der Staatsgewalt unter *Fatch Ali Schah* (1797-1834), ein großes soziales Prestige errangen, entwickelte sich die Tendenz, die *Mudschtahids* als Repräsentanten und irdische Interpreten des verborgenen Imams anzusehen und in eins damit jede weltliche Staatsmacht als illegitim zu bewerten. Diese Haltung verfestigte sich unter der Pahlavi-Dynastie aus zahlreichen Gründen (Entzug der Jurisdiktion, der Verwaltung der Heiligtümer, des Monopols der höheren religiösen Erziehung, der Aufsicht über die religiösen Stiftungen; aber ebenso aus Protest gegen die immer stärkere Abhängigkeit vom ausländischen Imperialismus mit ihren despotisch-terroristischen Folgeerscheinungen).

In den letzten 25 Jahren haben sich maßgebliche *Ulama*, teils insgeheim im Iran selbst, teils im Exil, auf die politiktheoretische Begründung eines islamischen Staates vorbereitet. Er sollte in der Geschichte der Zwölferschia (sie erwartet in der Reihe der verborgenen Imame den zwölften als Mahdi) insofern ein Novum sein, als die weltliche Herrschaft darin auch ohne Schah möglich sein würde. Man kann zwar nicht sagen, daß bewußt und eindeutig auf dieses Ziel hingearbeitet wurde, doch theoretische Erörterungen konnten mit einer solchen Hypothese arbeiten. Als der Sturz des Schah tatsächlich gelang, konnte deshalb die Aufarbeitung und Bewältigung der Einmaligkeit und Erstmaligkeit einer Chance für dauernde schiitische Theokratie jedenfalls nicht unvorbereitet in Angriff genommen werden. Seit der Wiedererrichtung des »Zentrums für (religiöse) Wissenschaft in Qom« spielte von etwa 1920-1935 der Ayatollah Scheich Abdu l-Karim Ha'iri Yazdi eine entscheidende Rolle, der nach dem Ersten Weltkrieg aus Iraq nach Qom ausgewandert war. Während der entscheidenden Jahre 1945-1961 hatte der *Mardscha'-e taqlid* Ayatollah Sayyid Agha Husein Burudschirdi (1875-1961) die Führung. In diese teilten sich nach seinem Tode dann wohl drei Ayatollahs: Scheich Schahabu d-Din Maraschi-Nadschafi, Scheich Mohammed Kazim Schari'at-Madari und Scheich Mohammed Reza Golpayegani. Neben oder hinter ihnen rangierten noch ein halbes Dutzend andere: Scheich Ruhdollah Chomeini, ein Schüler Yazdi's; Scheich Khu'i, der in Nadschaf lebte (Iraq, Neustadt des alten Kufa), wohin Chomeini nach seiner Ausweisung 1963 ging; die Scheichs Chonsari, Taleghani und Mutahheri in Teheran; Scheich Mohammed Hadi Milani in Maschhad.

Ein alter Text, im vierten Jahrhundert der Hidschra kompiliert und auf sunnitischer wie auf schiitischer Seite im Lauf der Jahrhunderte jeweils ein Dutzend Mal kommentiert, ist in den gelehrten Erörterungen der genannten Ayatollahs immer wieder herangezogen worden und heute in der öffentlichen Diskussion um die islamische Theokratie in Iran zu einer unerwarteten Bedeutung gelangt: das *Nahdschu l-balagha*, »Methode der Beredsamkeit«. Es ist eine Sammlung, die in ihrem ersten Teil die Predigten und in ihrem zweiten Teil die Sendschreiben enthält, welche sämtlich dem Kalifen Ali, dem ersten schiitischen

Imam, zugeschrieben werden. In der literargeschichtlichen Beurteilung, was darin authentisch und was apokryph oder pseudoepigraphisch ist, weichen europäische und islamische Wissenschaft natürlich beträchtlich voneinander ab. Doch kommt es darauf nicht an, wo es gilt, die enorme Rolle einzuschätzen, welche dieses Werk in der Selbstorientierung der neuen iranisch-islamischen Gesellschaft zu spielen begonnen hat. Es nimmt wohl den zweiten Platz nach dem Koran ein. Als Hauptzeugnis für eine theokratische Gesellschaftsordnung wird immer wieder, gleichsam als Katechismus, das 53. Sendschreiben des zweiten Teils zitiert, exzerpiert, kommentiert: Ali soll es an Malik Aschtar, seinen Gouverneur in Ägypten, geschrieben haben. Aufschlußreiche Resultate würde eine Untersuchung versprechen, welche der Frage nachgeht, ob und wie hier die Herrschertugenden und politischen Idealvorstellungen der Fürstenspiegel hellenistischer und römischer Zeit, vielleicht sogar des christlichen — eher byzantinischen als lateinischen — Mittelalters unter ein neues Vorzeichen gestellt werden: dergestalt, daß nicht mehr Könige die Stellvertreter Gottes auf Erden sind, denen Philosophen oder Bischöfe zu sagen wagen müssen, was sie tun sollen, sondern daß der Imam als Stellvertreter Gottes gewisse Herrschaftsaufgaben gleich direkt an einen Dritten delegiert. (Weitere Ausführungen zu diesem Thema im Beitrag »Der Pfad der Beredsamkeit«, Seite 89 in diesem Buch.)

Chomeinis Theorie

In diesem Zusammenhang muß nun auf Chomeinis Buch eingegangen werden, das direkt den Titel trägt: »Die delegierte Herrschaft des Rechtsgelehrten« (*wilayet-e faqih*; »des Rechtsgelehrten« ist *genetivus obiectivus*). Es wurde und wird auch, wohl in Fortsetzung der früher notwendigen Täuschung der Zensur, unter den Titeln »Die islamische Regierung« *(hukumat-e islami)* und »Der Hinwegzieher der Hülle« *(kaschif-e ghita)* verbreitet. Es handelt sich um Vorlesungen, die vor Theologiestudenten in Nadschaf gehalten wurden und 1970 in arabischer wie persischer Sprache herauskamen. Vergleicht man die Vorstellungen, die darin entwickelt werden, mit dem, was seit Februar 1979 eingetreten ist, so bemerkt man eine erstaunliche Konsequenz. Chomeini setzt sich vor allem mit dem Problem auseinander, wie im Zeitalter der großen *Ghaiba*, das ist die Verborgenheit des zwölften Imam, die staatsleitende Person zu bestimmen sei — denn daß es eine solche geben müsse, wie auch überhaupt einen Machtapparat für den Dienst am Volk, steht für ihn aufgrund vernünftiger wie historischer Evidenz außer Zweifel. Grundsätzlich gilt, daß Charakteristika des gerechten Herrschers immer noch in jeder Person vorhanden sind, die qualifiziert ist, über die Menschen zu herrschen, sie zu richten und ihnen zurechtzuhelfen (mehrfacher Sinn von *hakim/hakama*). Die Qualifikation besteht in Kenntnis des Gesetzes sowie Unbescholtenheit oder Gerechtigkeit und ist bei den meisten Rechtsgelehrten in unserer Zeit vorhanden. Wenn ein gelehrter und gerechter *Faqih* (Rechtsgelehrter) die Bildung einer Regierung betreibt, dann leitet er aus den Angelegenheiten der Gesellschaft ab, was auch Mohammed daraus ableitet: er ist also gleichberechtigt mit dem Propheten, und die Menschen müssen ihm gehorchen. Der Prophet Mohammed hatte zwar mehr moralische Qualitäten als der Kalif Ali und dieser mehr als der *Faqih,* aber das verringert die Kompetenz des letzteren in bezug auf die Regierung nicht. Chomeini macht also eine scholastische Unterscheidung zwischen Qualifikation und Kompetenz. Gott hat während der *Ghaiba* dem *Faqih* dieselben Aufgaben übertragen — Schlichtung von Streitigkeiten, Ernennung von Statthaltern, Erhebung von Steuern, Fruchtbarmachung des Landes —, die er auch Mohammed und dem »Fürsten der Gläubigen« (Ali) übertragen hatte. Der Rechtsgelehrte ist also nicht unfehlbar, wie die Imame es sind. Er wird zu ihrer Stellung oder gar der des Propheten nicht erhoben, sondern übt nur dieselbe Funktion aus wie sie. Sie besteht darin, die *Schari'a* durchzusetzen, und das ist schwer für den, der dessen würdig ist, ohne damit über die Menschen erhoben und vor ihnen begünstigt zu sein. Die Funktion des *Faqih* ist mit der eines Vormundes zu vergleichen, wie ihn das Gesetz ja auch für Minderjährige vorsieht. Die Aufgabe eines Vormundes des Volkes unterscheidet sich von einem solchen nur quantitativ, und in dieser Funktion stehen Prophet, *Imam* und *Faqih* gleich.

Der *Faqih* ist auch berechtigt, die Hadd-, das heißt die äußersten Strafen zu verhängen, aber er darf dabei in den einzelnen Rechtsfällen nicht soweit gehen, wie es jeweils der Prophet tat, sondern er muß demgegenüber das Strafmaß verringern, damit ein Unterschied zwischen ihm und dem Propheten bleibt.

Die *Fuqaha* (Plural von *Faqih*) können die Regierung einzeln, sie können sie aber auch in Gemeinschaft bilden. Sollte das nicht möglich sein, müssen sie wenigstens die vier Arten von Steuern einziehen und — auch schon unter einer nicht von ihnen gebildeten Regierung — sie zum Besten der Muslime verwenden. Es bleibt hier nur offen, ob ein *Faqih* selbst Staatsoberhaupt werden muß, oder ob die Bildung der Regierung auch so vollzogen werden kann, daß ein Nicht-*Faqih*, ein weltlicher Politiker, von den *Fuqaha* beauftragt oder mindestens, nach Beauftragung durch das Volk, von ihnen bestätigt und weiterhin kontrolliert werden muß. Auf diese Fragen haben erst die Artikel 107-113 der neuen persischen Verfassung eine Antwort gegeben, nach welchen die Staatspräsidenten gewählt und vereidigt worden sind. Aber die prinzipielle Führerschaft des *Faqih*, welcher die Verhältnisse der Zeit kennen muß, oder, wenn ein solcher nicht zu finden ist, eines Gremiums von *Fuqaha*, ist schon im Anfang dieser Verfassung, in Art. 5, festgelegt, und das Wächteramt der Rechtsgelehrten bleibt aus dem parlamentarischen Verfahren herausgenommen.

Parallelen in Asien und Vorstufen im Judentum

Die öffentliche Meinung im Westen hat diese Prinzipien bisher kaum zur Kenntnis genommen oder sie nur aus der Verzerrung abgeleitet, welche ihre Durchführung in einer Revolution wie der iranischen nahezu notwendig erfahren mußte. Die Reaktion war die eines äußersten Befremdens. Es gibt nun in der Tat für dergleichen in der Weltgeschichte nur zwei oder drei Parallelen. Die eine liefert der tibetanische Lamaismus, in dessen Organisation die politische Funktion mehr vom Dalai Lama, die geistliche Funktion mehr vom Pantschen Lama — dies die beiden höchsten geistlichen Würdenträger dieser Form des Buddhismus — wahrgenommen wird. Das steht uns fern. Sodann sind die Sikhs des Pandschab zu nennen, aber an der Bedeutung, Autorität und kanonischen Verbindlichkeit ihrer zehn Gurus (1469-1708) und danach ihrer Heiligen

Schrift, des *Adi Granth*, sind wohl schon islamische Prinzipien mitbeteiligt. Die Haupt-»Parallele« jedoch liefert die jüdisch-christliche Tradition, und diese sollte zumindest unserem Wissen noch nahestehen.

Moses, der nach der ältesten Tradition ein Levit war, bekam am Sinai eine theokratische Herrschaft über die Stämme übertragen. Er war kein Priesterkönig. Gott redet mit Moses von Angesicht zu Angesicht, wie man mit einem Freunde redet (Exod. 33, 11) — das ist eine Parallele zu der auch von Chomeini (arab. 1979, S. 78) hervorgehobenen Überlieferung, daß der Imam das Sprachrohr Allahs ist. Moses tut dem Volk, das mit seinen Rechtshändeln zu ihm kommt, Gottes Rechtssprüche und Entscheidungen kund (Exod. 18, 15), und er soll die Leute gegenüber Gott vertreten, ihre Rechtsbegehren vor ihn bringen und sie in seinen Satzungen und Weisungen unterrichten (Exod. 18, 19). Josua stellt die Legitimität seiner Amtsführung erneut fest, indem er alle von ihm erlassenen Verordnungen und Pflichten in das »Gesetzbuch Gottes« einträgt und einen Stein als Zeugen dafür aufrichtet, daß Gott mit ihm und dem Volk geredet hat (Jos. 24, 25-27). Der Endzeitentwurf des Ezechiel (Kap. 40-48) sieht eine Gottesherrschaft vor, die ganz neu und nicht etwa eine Wiederherstellung des Alten ist. Nach der Rückkehr der Juden aus dem babylonischen Exil knüpfen sich messianische Erwartungen an den davidischen Exilantenführer Serubbabel, neben dem ein Hohepriester Josua an der Spitze steht. Beide vollenden den Tempelbau. Der Prophet Sacharja hat den Auftrag erhalten, entweder Serubbabel allein oder beiden als künftigen Königen eine Krone aufs Haupt zu setzen, aber die Sache ging — wir können nur erraten, wie — so aus, daß im Bericht (Sach. 6, 10 f.) jetzt nur vom Priester Josua als dem Gekrönten die Rede ist. Künftig wird der Vorrang des Priestertums vor dem Königtum (Test. Ruben, 6, 7-11; Jes. Sir. 44-46; Philo) umso stärker betont werden, als Hasmonäer, Herodier und römische Prokuratoren sich danach in der Praxis nicht richten. Es war dies alles, für welches der jüdische Historiker Josephus erstmals das Wort »Theokratie« prägte, das dann in unsere neuzeitliche politische Terminologie überging. Er wollte damit den Feinden des jüdischen Volkes dieses außerhalb ihres Weltbildes liegende Phänomen erklären:

»Unendlich sind im einzelnen die Verschiedenheiten der Sitten und Gesetze im Menschengeschlecht: hier hat man die Regierung der Staaten Monarchen, dort wenigen mächtigen Familien, anderwärts dem Volke überlassen. Unser Gesetzgeber hingegen hat auf keine solche Regierungsform Rücksicht genommen, sondern den Staat *(Politeuma),* wie man mit einem etwas erzwungenen Worte sagen könnte, zu einer Gottesherrschaft *(Theokratia)* gemacht, indem er Gott die Herrschaft und Gewalt anheimgab und die große Masse bewog, auf ihn als den Urheber alles Guten hinzuschauen, das die Menschen im staatlichen wie privaten Leben genießen und das ihnen, wenn sie darum baten, selbst im Unglück zuteil wurde; denn seinem Wissen könne nichts entgehen, was sie täten oder was auch nur ein einzelner Mensch bei sich denke«.
(Gegen Apion 2, 16, 164-166).

Das Muster, in das sich der Islam fügen wird, ist fertig, als es im Judentum keinen Hohepriester und keinen Priester mehr gibt und auch ihre Leitungsfunktion von den Schriftgelehrten mitübernommen wird, ob sie nun der sadduzäischen, der pharisäischen oder der essenischen Richtung angehören. Seit Esra aufgrund der Gesetzesstudien auch ihre Richtertätigkeit gefördert hatte, gehört innerhalb des Forschens und Lehrens auch das Richten zu ihren Aufgaben — im doppelten Sinne des Urteilens und des Zurechthelfens, und ausschließlich aufgrund der heiligen Schriften. Diese Aufgabe wird umfassend, seit das Königtum nicht mehr existiert, und ihr entspricht der Status der Schia, seit kein Imam mehr auf Erden wandelt (den Priester gab es ohnehin nie): der *Hadith,* die Überlieferung von Mohammed und seinen Genossen, ist nun das »Sprachrohr Allahs« — sogar für Chomeini, der, obwohl sonst ein Grundlagenmethodiker *(usuli),* hier den Standpunkt des Traditionsorientierten *(achbari)* einnimmt (Chomeini, arab. 1979, S. 77 f.). Der Wandel der theokratischen Vertretung von Moses bis zum Schriftgelehrten entspricht genau dem, der sich in der Geschichte der Zwölferschia vollzieht: Er beginnt beim zwölften Imam, an welchen während der kleinen Verborgenheit, das heißt der ersten vierzig Jahre seiner Entrückung, noch vier Schreiber Anfragen richten konnten, die schriftlich beantwortet wurden, und geht bis zum *Hakim* oder *Faqih,* welcher als Testamentsvollstrecker gilt und, weil er auf jeden Fall Richter *(Qadi)* sein kann, auch die Befähigung zum Herrscheramt haben muß (Chomeini, arab.

1979, S. 76 f.). Ja, auf den Imam wie auf Moses, auf den *Faqih* oder *Hakim* wie den Schriftgelehrten oder Rabbi treffen die Worte des Josephus zu:

»Er (Moses) machte nicht die Frömmigkeit zu einem Teil der Jugend, sondern zu einem Teil von ihr (der Frömmigkeit) machte er (umgekehrt) alles andere, nämlich Gerechtigkeit, Besonnenheit, Ausdauer, die Eintracht der Bürger untereinander in allen Dingen. Denn alles Tun, das ganze Leben, alles Reden beziehen sich bei uns auf die Frömmigkeit Gott gegenüber. Denn alle diese Dinge prüfte er und regelte sie ... Sogleich mit der ersten Nahrung und mit dem Leben im Hause hat er nichts, auch nicht das Geringste, selbstherrlich dem Willen derer, für welche die Gesetze bestimmt waren, überlassen, sondern in bezug auf die Speisen, die man nicht oder wohl essen soll, über die, welche diese Lebensweise mitmachen sollen, über die Anstrengung bei der Arbeit und wiederum über die Ruhe hat er das Gesetz als Maß und Richtschnur gegeben, damit wir, unter ihm wie unter einem Vater und Herrn lebend, weder mit Willen noch aus Unwissenheit sündigten«.
(Gegen Apion 2, 16, 170 f.; 2, 17, 173 f.; Übers. W. Foerster, Bd. 2, 1961^{3}, S. 246).

Und in den Ehebestimmungen:

»Eines andern Gattin begehren, ist Sünde; wer dies tut, ferner wer eine Jungfrau, die einem andern verlobt ist, notzüchtigt oder eine Ehefrau verführt, der verfällt unbedingt der Todesstrafe«. (Verboten ist außerdem der Geschlechtsverkehr unter Männern.)
(a. a. O. 2, 24, 199-201; im AT vgl. Lev. 20, 9-21; Deut. 22, 22-27).

Weiterentwicklungen im christlichen Abendland

Das eschatologische Christentum tut einige Schritte vor diese Position zurück. Die Gebrochenheit seiner Stellung zu allen sozialen Problemen aber, die damit gegeben ist, muß sich nach Kaiser Konstantin dem Großen in zwei ganz verschiedenen Mitteln objektivieren, solcher Probleme dennoch Herr zu werden. Diese Mittel bestehen — um es hier und im folgenden mit den klaren Worten Ernst Troeltschs zu sagen — in der »relativ-naturrechtlichen und der theokratisch-absolutistischen Theorie. Mit Hilfe der ersten gewinnt die Kirche das Mittel, die an sich ihren Grundbegriffen widersprechende, also in der Richtung auf das Jenseits und im Sündengefühl gering geschätzte, soziale Wirklichkeit teils zu ertragen, teils ihren naturrechtlichen Prinzipien gemäß zu regulieren. Mit Hilfe der zweiten gewinnt sie das Mittel, für irdische Dinge den Kaiser und Staat gewähren zu lassen, aber für alle die Religion und die Kirche betreffenden Dinge sie in ihren Dienst zu stellen« (E. Troeltsch, 1922, Soziallehren, S. 171).

»Daher ist die Frage nach der Würdigung des Staates nicht identisch mit der des Kaisertums selbst, und die naturrechtliche Theorie vom Staate ist etwas anderes als die über die Geltung des Kaisertums ... Wie (dieses) von Gott unmittelbar stammt, so hat es auch seine besondere Aufgabe in dem Verhältnis von Welt oder Staat einerseits und Kirche oder Heilsanstalt andererseits. Seine Sonderstellung nämlich bedeutet keinen Verzicht auf Begrenzung des Kaisertums. Es sollte nur nicht von unten, vom Naturrecht her, begrenzt werden. Sehr wohl aber kann und muß es von oben her, von demselben Gott her, begrenzt werden, der es eingesetzt hat, das aber heißt, es muß begrenzt oder geleitet werden durch die Gott verkörpernde Institution, die Kirche ... Das Kaisertum leistet der Kirche Schutz und Privilegierung, an eine christliche Staats- und Sozialreform in den eigenen Beziehungen des Staates ist nicht gedacht. Aber indem das Kaisertum die Kirche in die Fähigkeit voller und ungehemmter Tätigkeit versetzt, so weiht, heiligt, durchgeistigt die letztere selbst das ganze große Gefüge der weltlichen Zwecke, mit der innerlich ihnen sich entziehenden und äußerlich sie duldenden Gottesliebe. Sie gibt damit dann den Naturrechtselementen des Staates erst die göttliche Kraft und Tiefe, macht die weltliche justitia der gesetzlichen Ordnung zur vollkommenen justitia einer die Welt zur Entsagung und Liebestätigkeit gebrauchenden Frömmigkeit. Zu dieser Wirksamkeit aber muß ihr die kaiserliche Gewalt verhelfen; sie hat sich der Gottesherrschaft zur Verfügung zu stellen. Es ist der in der Kirche zunächst ausgebildete theokratische Gedanke, der sich aus der soziologischen Gestaltung der religiösen Gemeinschaft ergab und der nun hinübergreift in das politische und soziale Gebiet. Das letztere hat bekanntlich Augustin vor allem in seinem großen Werk (Vom Gottesstaat) ausgeführt. Aber er hat, was weniger beachtet wird, auch das erstere dort vorausgesetzt und behauptet. In dem unausgeglichenen Streit beider Gesichtspunkte liegt der doppelschlächtige Charakter auch dieses Werkes des großen Mannes, das eben daher auch der Zukunft doppelte Tendenzen übermittelte. Theokratie und Naturrecht heiligen gemeinsam den Staat; was das eine nicht vermag, vermag das andere, und der Kaiser jedenfalls ist in erster

Linie bestimmt durch sein Gottesgnadentum und seine theokratische Abhängigkeit«.
(Troeltsch, a. a. O., S. 169 f.).

Da Troeltsch hier richtig vom Mittelalter auf Augustinus zurückweist, darf nicht unerwähnt bleiben, daß Augustinus' Staat als legale Ordnung auch Strafe für Adams Ungehorsam und ein Heilmittel gegen die bösen Folgen dieses Ungehorsams, Habgier, Stolz und Herrschsucht ist. Zur Rechtspflege in ihm gehört auch die Todesstrafe, auf die man ebensowenig verzichten kann wie auf Folter und auf Krieg.

»Doch hat Gottes gebietender Wille selbst einige Ausnahmen von jener Anordnung, keinen Menschen zu töten, verfügt. Es versteht sich nämlich, daß wenn Gott selbst töten heißt, sei es durch Erlaß eines Gesetzes, sei es zu bestimmter Zeit durch ausdrücklichen an eine Person gerichteten Befehl, solch ein Ausnahmefall vorliegt. Dann tötet nicht der, der dem Befehlenden schuldigen Gehorsam leistet, wie das Schwert dem dient, der es führt. So verstießen keineswegs gegen das Gebot ›Du sollst nicht töten‹, die auf Gottes Veranlassung Kriege führten, oder die als Träger obrigkeitlicher Gewalt nach seinen Gesetzen, das heißt nach dem Gebot vernünftiger Gerechtigkeit, Verbrecher mit dem Tode bestrafen«.
(Vom Gottesstaat 1, 21, übers. v. W. Thimme, 1955, Bd. 1, S. 79).

Der Übersetzer merkt richtig dazu an, daß sich die Todesstrafe also nach Augustin nicht nur auf das Gesetz des Moses, sondern auch auf das Naturrecht berufen kann.

»Und wie steht es mit der Rechtsprechung von Menschen über andere Menschen, die ja im Staate auch bei dauerndem Friedenszustande nicht fehlen darf? Wie kümmerlich ist sie doch, wie beklagenswert! Denn die, welche das Urteil fällen, können denen, über die sie urteilen, nicht ins Herz sehen. Darum sind sie oft genötigt, durch Folterung *(tormenta)* unschuldiger Zeugen, die mit der Sache, um die sichs handelt, nichts zu tun haben, die Wahrheit zu erforschen. Und wie, wenn einer in eigener Sache gefoltert und peinlich gefragt wird, ob er schuldig sei, und nun unschuldig um einer ungewissen Straftat willen gewisseste Qualen erleiden muß, nicht etwa, weil es herausgekommen wäre, daß er die Tat begangen hat, sondern weil man nicht weiß, ob er sie begangen hat«.

So gilt Augustins ganzes Bedauern nicht dem Gefolterten, sondern dem armen Richter.

»Es kommt vor, daß der Richter einen Angeklagten foltern läßt *(torqueat)*, um nicht unwissentlich einen Unschuldigen zu töten, und nun infolge dieser kläglichen Unwissenheit den Gefolterten und Unschuldigen auch noch tötet, den er doch hatte foltern lassen, um keinen Unschuldigen zu töten . . . Wird überhaupt in diesen Finsternissen, die über dem Gemeinschaftsleben lagern, ein weiser Richter zu Gericht sitzen, oder wird er es nicht wagen? Doch, er wird es. Denn die menschliche Gesellschaft verpflichtet und nötigt ihn zu diesem Dienst, und er hält es für Unrecht, sich ihr zu entziehen. Das aber hält er nicht für ein Unrecht, wenn er unschuldige Zeugen in fremder Sache foltern läßt; wenn er Angeschuldigte, die oft, vom Schmerz der Folterung überwältigt, ein unwahres Geständnis ablegen, unschuldig bestraft, nachdem sie schon unschuldig die Folter erlitten . . .«
(Vom Gottesstaat 19, 6, übers. von W. Thimme, 1955, Bd. 2, S. 542 f., der S. 864 treuherzig dazu bemerkt, man vermisse hier den Protest gegen die Folterung bei der Rechtsprechung).

Wie Augustin zu dieser Position kommt, ist sowohl soziologisch aus den Hintergründen der Donatisten- und Circumcellionenbewegung als auch politisch aus Konstantins sehr harten Reaktionen dagegen erklärbar, bestätigt Augustin dies alles doch noch drei Generationen später in seiner Schrift gegen Parmenian. Darin hat »Augustin . . . als erster die Todesstrafe von Christen für Christen theologisch (Lehre von Staat und Mensch) und heilsgeschichtlich (Adam-Mythos) und ›juristisch‹-politisch (Verfolgung der Heiligen) begründet. Er schuf diese Begründung als Römer und als Katholik in einer Situation, die zeitweise Züge eines ›Klassenkampfes‹ trug. Er machte sich zum Vollstrecker der konstantinischen Politik; er wurde auch dadurch zu einem Vorbild christlicher Staatslehre im Mittelalter und speziell mit seiner Lehre vom *terror utilis* (epist. 93, 1, 3 f.; 5, 17, 20) zum ›Vater der Inquisition‹« (Chancik, 1976, S. 241).

Es braucht hier nicht weiter verfolgt zu werden, wie es zur Staatsauffassung der Päpste im Mittelalter kommt, die sich als Statthalter Gottes zur Herrschaft über alle Könige und Völker der Christenheit berufen glaubten. Auch die Einrichtung der Inquisition ist bekannt. Theokratische Regenten zweiten Ranges unter den Päpsten sind sogar noch die Fürstbischöfe, die Mehrzahl der deutschen Bischöfe also, die gleichzeitig Landesherren und Reichsfürsten, zum Teil sogar Kirchenfürsten waren. Die österreichischen Fürstbischöfe behielten daraus Rechte weit über die Säkularisation (seit 1803) hinaus, nämlich bis zum Ende des Ersten Weltkriegs, indem sie kraft Amtes Virilstimme im Herrenhause des österreichischen Reichsrates hatten. Man versteht den Wunsch Chomeinis, sich mit dem Papst zu verständigen, da die katholische Staats- und Soziallehre von der schiitischen nicht sehr verschieden sei. In der Tat: So wie das Dogma von der Theokratie die Ergänzung durch das Dogma vom Universalepiskopat verlangt hatte, so ist es fast zwangsläufig, daß Chomeini sich — ein Novum in der Geschichte der Zwölferschia und des Islams überhaupt — auf dem Titel seines Hauptwerkes »Autorität für die Entscheidungsübernahme der Schiiten der Welt« nennt.

Im Protestantismus würde man es sich zu leicht machen, die islamische Theokratie auf der Stufe des Überholten anzusiedeln, auf der man gern das katholische Gegenstück sieht. Denn in unserer Geschichte haben wir Ähnliches aufzuweisen. Das durch die Reformation neu gestellte Problem des Verhältnisses zwischen Staat und Kirche haben solche Gruppen, die einen christlichen Staat nach radikal reformierten Prinzipien wollten, in durchaus theokratischer Weise zu lösen versucht: So die Wiedertäufer in Münster mit Heinrich Roll und Bernhard Rothmann, dem »Worthalter« des (sc. himmlischen) »Königs«; die »Zwickauer Propheten« mit Nikolaus Storch, der später in Westthüringen und Nordbayern den Bauernkrieg vorbereitete (der übrigens mit der Revolution der Schia, die stark im Bauerntum verwurzelt ist, in mehrfacher Hinsicht sinnvoll verglichen werden kann); die kongregationalistischen Staaten in Neu England und der Quäker-Staat in Pennsylvanien. Auch hier haben die Gottesmänner aus der Notwendigkeit, über untergeordnete soziale Verbände zu herrschen, die Konsequenz gezogen, ihre Herrschaft mit kirchlichen Machtmitteln auszustatten, die bis zu Terror und Grausamkeit gebraucht werden konnten.

Wohl am eindrücklichsten ist der theokratische Gedanke im englischen Independentismus des 17. Jahrhunderts Wirklichkeit geworden. Auch Oliver Cromwell »wollte einen christlichen Staat. Er steckte nur die Grenzen der Christlichkeit weiter: Sündenerkenntnis, Rechtfertigungsgewißheit, Gnadentheologie, das sind die Grenzen der Christlichkeit. Auch er übte eine moralische Volksüberwachung; nur nicht durch kirchliche Zuchtgerichte, sondern durch die staatlichen Generalmajore. Auch er hielt fest an der Theokratie, betrachtete sein und der Armee Vorgehen als das Vorgehen der magistrats inférieurs (man denkt an die *Pasdaran,* die »Nachhüter« oder Wächter der Revolution neben Armee, Polizei, Justiz und Verwaltung im Iran, C. C.) bei Versagen der legitimen Obrigkeit, sah sein eigenes Amt als durch Vorsehung und faktische Fügung Gottes geheiligt und darum als Gottesgnadentum an ... Seine Lehre von der Salus publica und der Volkssouveränität ist die reformierte von der Pflicht des Volkes, für eine Gottes Willen gemäße Regierung zu sorgen, und den Willen Gottes sieht er aus dem faktischen Verlauf ... Er war ... dem Spiritualismus zugeneigt, ... aber nicht ohne die feste Begrenzung, die in den calvinistischen Gedanken eines Gott dienenden und verherrlichenden Staatswesens liegt ... Mit alledem aber blieb der Cromwell'sche Independentismus ein Intermezzo. Die endgültige Revolution von 1688 griff auf die Ideen vor Cromwell zurück, und der Independentismus gab seine treubleibenden Anhänger an den Dissent ab«, unter anderem an die eben erwähnten Quäker und Kongregationalisten (Troeltsch, Soziallehren, 1922, S. 751 f.).

Folgerungen

Historische Relativierung

Schon eine kurze historische Betrachtung wie diese kann uns zeigen, daß es ganz unangemessen ist, die Errichtung eines islamischen Staatswesens — man könnte dafür im wahabitischen, das heißt reformiert sunnitischen Bereich, etwa in Saudi-Arabien, ganz parallele Versuche zu Iran aufzeigen — mit dem Hochmut des aufgeklärten Europäers zu bewerten, entweder so, daß man sich einen Kulturschock einredet, der einen angesichts von etwas so absolut Fremden befallen müsse, oder so, daß man den Weg »zurück ins Mittelalter« tadelt. Es bleibt damit freilich die Aufgabe, zu einer solchen Synthese von Religion und

Politik ein angemessenes Verhältnis zu gewinnen. Diese Aufgabe wird sich nun nicht mehr so darstellen, daß hier der Okzident dem Orient seine Maßstäbe anlegt — soweit diese moderne Variante des Kreuzzugdenkens heute auch verbreitet ist. Die Aufgabe wird sich vielmehr so darstellen, daß diejenigen, die in Judentum, Christentum und Islam gemeinsam den Einen Gott bekennen, sich fragen, ob sie nun auch die Theokratie wollen oder nicht, und wenn sie sie nicht wollen, warum nicht.

Bei uns ist die Geschichte tatsächlich darüber hinweggegangen, und auch in vielen islamischen Staaten besteht die Theokratie mehr als Ideal denn in der Realität. Und es gibt dafür hier wie dort die theologischen Begründungen — ja, auch im Islam haben sich Theoretiker an der Begründung eines säkularen Staates versucht, und es wäre über alles Erwarten ergiebig, solche Versuche mit denen zu vergleichen, die uns vertraut sind: von Luthers Schrift *Von weltlicher Obrigkeit* durch die wechselvolle Geschichte der Zwei-Reich-Lehre hindurch, von der calvinistischen oder zwinglianischen Staatsauffassung bis hin zu Karl Barths Schrift *Christengemeinde und Bürgergemeinde*. Aber mit alledem hätten dann die »Religiösen« neben den »Säkularen« wieder nur ihr eigenes Thema, und es bleibt ein Problem offen, das bei den einen wie den anderen mit den gleichen Denkmitteln, über die sie doch tatsächlich verfügen, bisher noch kaum angegangen, geschweige denn gelöst worden ist. Dieses Problem besteht darin, was denn nun daraus, daß man Gott als monotheistisches Moralprinzip denkt, für die politische Ethik wirklich folgt. Die Bekenntnisse zu dem Einen Gott sind klar, und die konkreten Gestaltungen des Alltags und des Staates sind vorfindlich oder stehen in den Büchern. Aber der logische Nexus zwischen beidem steht nicht fest, und solange er nicht feststeht oder überzeugend neu begründet wird, läßt sich die ideologiekritische Frage nicht abweisen, ob hier der Mensch nicht nur sein eigenes Bedürfnis nach Monokausalität verabsolutiert. Sollte sich herausstellen, daß sich dies tatsächlich so verhält, muß nach dem Gott gefragt werden, der höher ist als alle Vernunft, auch höher als jedes monotheistische Moralprinzip. Was heißt das?

So viele und kluge philosophische und theologische Ethiken auch schon geschrieben worden sind, sie machen nicht entschlossen genug mit der Einsicht Ernst, daß Religion und Moral von Haus aus nichts, aber auch gar nichts miteinander zu tun haben. Es gibt religiöse oder gläubige Menschen, die nicht sozialisierbar sind und ihre Mitmenschen beständig unzumutbar peinigen. Mit religiöser, ja theologischer Begründung können Taten begangen werden, gegen die sich bei anderen alles sträubt, und diese anderen können Atheisten sein. Und warum sind eigentlich Todesstrafe, Folter und patriarchalisch-sexuelle Repression in theokratischen Prinzipien unerschütterlicher verwurzelt als anderswo? — Andererseits gibt es eine Sittlichkeit, die ihre eigene Richtigkeit rein aus sich selbst heraus evident macht — um eine Aussage zu wagen, deren Allgemeinheit noch vor den Konkretionen solcher repräsentativer Typen wie des kantischen Formalismus, des Pschchologismus, des Utilitarismus und der materialen Wertethik liegt, um die es hier nicht mehr geht. Es ist reine Definitionssache, daß man hier für die an Transzendenz heranreichenden Formen von religiöser Moral spricht, die sogar in moralische Religion übergehen könne — eine apriorische Begründung dafür steht aus.

Natürlich durchdringen Religion und Moral einander oft. Aber wo das geschieht — die israelitischen Propheten sind hier wohl in erster Linie zu nennen, und nicht nur weil wir in ihrer Tradition stehen; Zarathustra blieb ein Einzelgänger; das meiste andere hat in so früher Zeit noch merkwürdig unmoralische Beimischungen und mausert sich erst später —, da ist ein bestimmtes Stadium in der Religionsgeschichte erreicht, und wir müssen es festhalten. Aber was ist geschehen, wenn eine Religion durch eine Moral überzeugt — und hier gehört dann die politische Moral mit dazu —, die ihrerseits nur durch sich selbst überzeugen könnte? Die Antwort steht im weiten Felde. Hier kann zum Schluß lediglich der Befund erhoben werden, daß eine Religion nur dann bleibt, was sie ist, wenn sie bei ihrem Versuch, auch moralisch zu sein, sich nicht nach Gesetzen strukturiert, die viererlei Gesetzlichkeiten anderer Herkunft lediglich analog sind: erstens solchen, welche ein Wertsystem konstituieren, zweitens solchen, welche in naturalistischen und deterministischen Theorien enthalten sind, drittens denen, welche das Gesollte begründen, viertens rein formalen Kriterien. Denn die Übernahme solcher Gesetze führt in der Religion zu Machtdenken, und solches findet auch statt, wo Gott zu einem theistisch-weltanschaulichen Prinzip von Macht und Herrschaft gemacht wird, die konkret doch immer nur von fehlsamen Menschen ausgeübt werden kann. Bleibt man davon überzeugt, hat man die Fiktion, die Religion werde tatsächlich und ausschließlich aus und durch sich selbst organisiert, sozialethisch aufgelöst.

Einsichten solcher Art sollten im Unterricht schon für Jugendliche islamischen wie christlichen Bekenntnisses, wie auch allgemein jeder orientalischen und westlichen Nationalität zu vermitteln sein. Am Kardinalfall der Theokratie könnte exemplarisch diskutiert werden, wo Fremdheitsgefühl in Verwandtschaftsbewußtsein aufgehoben werden kann, und wo es zur Erkenntnis rationalisiert werden muß, daß islamische und westliche Wert- und Weltvorstellungen notwendig verschieden bleiben müssen, dann aber eben so, daß zwischen ihnen Verständigung möglich ist. Das wird sich freilich, wenn überhaupt, nur durch solche Muslime und Bewohner des Westens in Taten umsetzen lassen, die es sich bereits leisten können, mit Kenntnis- und Denkhilfen zu arbeiten. Die viel zu vielen, die noch um ihre nackte Existenz kämpfen, müssen in einen solchen Stand erst versetzt werden.

Benutzte und weiterführende Literatur

Verfassung der islamischen Republik Iran, in: *Iran und die Islamische Republik,* Heft 6, Mai 1980, übersetzt und herausgegeben von der Presse- und Kulturabteilung der Botschaft der Islamischen Republik Iran, Bonn

Verfassung der Republik Türkei. Übersetzung durch TÖB-B »Studentenverein der Türkei/Berlin (West) e. V.«, 1982

Antes, Peter: *Der Islam als politischer Faktor,* hrsg. von der Niedersächsischen Landeszentrale für politische Bildung Hannover 1980

Ders.: »Ethik« im Islam, in: C. H. Ratschow (Hrsg.): *Ethik der Religionen,* Stuttgart 1980, S. 177-225

Ders.: *Ethik und Politik im Islam,* Stuttgart 1982

Balić, Smail: *Ruf vom Minarett. Weltislam heute — Renaissance oder Rückfall? Eine Selbstdarstellung,* Wien 1979

Falaturi, A.: *Der Islam im Dialog*, 2. Aufl., Islamische Wissenschaftliche Akademie, Köln 1979

Levy, Reuben: *The Social Structure of Islam*, Cambridge 1957

Tabatabai, A. S. M. H.: *Shi'ite Islam*, transl. ... by S. H. Nasr, London 1975

Wellhausen, Julius: *Das arabische Reich und sein Sturz*, 2. Aufl. Berlin 1960

Ayoub, Mahmoud: *Redemptive Suffering in Islam. A Study of the Devotional Aspects of Ashura in Twelver Shiism.* Den Haag 1978

Monchi-Zadeh, Davoud: *Ta'ziya. Das persische Passionsspiel*, Stockholm 1967

Rosenzweig, Rachel: Solidarität mit den Leidenden im Judentum (*Studia Judaika*, 10), Berlin 1978

Nienhaus, Volker: Die islamische Wirtschaftslehre. Politik zwischen Pragmatismus und Utopie, in: *Orient*, 1, 1981, S. 50-68

Ders.: *Katholische Sozial- und islamische Wirtschaftslehre. Gemeinsamkeiten, Unterschiede, Gegensätze*, Cibedo-Texte (der Dokumentationsstelle der Christlich-Islamischen Begegnung, Frankfurt) Nr. 7 vom 15. Januar 1981

Seipel, Ignaz: *Die wirtschaftsethischen Lehren der Kirchenväter*, Wien 1907 (Nachdr. Graz 1972)

Chomeini, Ruhollah: *Al-hukūma al-islāmīya* (= arabisch »Die islamische Regierung«), Vorlesungen in Nadschaf (Iraq) vom 21. Januar bis 8. Februar 1970, Buchausgabe Beirut 1399 d. H. = 1979 n. Chr.

—: Persische Ausgabe (Titel siehe oben im Text), Teheran o. J.

—: Französische Ausgabe: *Pour un gouvernement islamique*, Paris: Fayolle, 1979

—: *Islam and Revolution. Writings and Declarations of Imam Khomeini*, translated an annotated by Hamid Algar, Berkeley 1981

Nahjul Balagha: *Sermons, Letters and Sayings of Hazrat Ali*, transl. by Syed Mohammed Askari Jafery, Library of Chehel Sotoon Theological School, Teheran 1397 d. H. = 1977 n. Chr.

To the Commander-in-Chief: »From Imam Ali to Malik-e-Ashter«, selected from »Nahjol-Balagha«, transl. by A. A. Behzadnia and S. Denny, Presse- und Kulturabteilung der Islamischen Republik Iran in Bonn, veröffentlicht 1979 oder 1980

Ders.: *Hajj* (Die Wallfahrt), translated by A. A. Behzadnia and S. Denny, Presse- und Kulturabteilung ... (wie oben); andere Übersetzung von Somayyah und Yaser, Free Islamic Literature Incorporated, Bedford (Ohio) 1977

Ders.: *Reflections of a Concerned Muslim on the Plight of Oppressed Peoples*, prepared from Persian by Mohammed Bidal, veröffentlicht ebenda 1977

Shariati, Ali: *On the Sociology of Islam*, translated from the Persian by Hamid Algar, Berkeley 1979

Abrahamian, Ervand: *Iran. Between two Revolutions*, Princeton University Press 1982

Greussing, Kurt und Grevemeyer, Jan-Heeren (Hrsg.): *Revolution in Iran und Afghanistan*, Frankfurt 1980

Greussing, Kurt (Hrsg.): *Religion und Politik im Iran,* Frankfurt 1981
Jabbari, Ahmad und Olson, Robert: *Iran. Essays on a Revolution in the Making,* Lexington/Kentucky, Mazda Publishers 1981
Katouzian, Homa: *The Political Economy of Modern Iran. Despotism and Pseudo-Modernism 1926-1979,* London, Macmillan 1981
Keddie, Nikki R.: *Roots of Revolution. An Interpretative History of Modern Iran,* with a section by Yann Richard, New Haven and London, Yale University Press 1981
Dies. und Bonine, Michael E. (Hrsg.): *Modern Iran. The Dialectics of Continuity and Change,* Albany, State University of New York Press 1981
Richard, Yann: *Le Shi'isme en Iran — Imam et révolution,* Paris, Maisonneuve 1980

Lambton, Ann K. S.: Quis custodiet custodes? Some reflections on the Persian theory of government, in: *Studia Islamica 5,* 1956, S. 125-148; 6, 1956, S. 125-146
Nagel, Tilman: Das Wesen des islamischen Fundamentalismus und seine Rolle in der Gegenwart, in: *Kairos* N. F. 24, Salzburg 1982, S. 87-99
Roy, Olivier: Bani-Sadrs politische Theorie, in: *Befreiung.* Zeitschrift für Politik und Wissenschaft 22/23, Berlin 1981, S. 134-145
Steppat, Fritz: Islamisch-fundamentalistische Kritik an der Staatskonzeption der islamischen Revolution in Iran, in: Hans R. Roemer und Noth, Albrecht (Hrsg.): *Studien zur Geschichte und Kultur des Vorderen Orients* (Festschrift B. Spuler), Leiden 1981, S. 443-452
Waardenburg. J.: *Schiitischer Islam und iranische Revolution. Einige Notizen,* Manuskript 1979

Cancik, Hubert: Zur Entstehung der Christlichen Sexualmoral, in: B. Gladigow (Hrsg.): *Religion und Moral,* Düsseldorf 1976, S. 48-68
Ders.: Christentum und Todesstrafe: Zur Religionsgeschichte der legalen Gewalt, in: H. von Stietencron (Hrsg.): *Angst und Gewalt. Ihre Präsenz und ihre Bewältigung in den Religionen,* Düsseldorf 1979, S. 213-251
Halm, Heinz: Ethischer Rigorismus im Islam: die Ibaditen des Mzâb, in: Gladigow (Hrsg.); a. a. O. S. 191-202
Rotter, Gernot: Dschihad: Krieg im Namen des Glaubens, in: von Stietencron (Hrsg.); a. a. O. S. 252-267

Hadot, P.: Fürstenspiegel, in: *Reallexikon für Antike und Christentum,* Bd. 8, Stuttgart 1972, Sp. 555-632
Thür, G.: Folter (juristisch), *ebenda* Sp. 101-112
Vergote, J.: Folterwerkzeuge, *ebenda* Sp. 112-141
Keller, C. A.: Todesstrafen, in: *Biblisch-historisches Handwörterbuch,* Bd. 3, Göttingen 1966, Sp. 2002-2004

Augustinus, Aurelius: *Vom Gottesstaat,* eingeleitet und übertragen von Wilhelm Thimme, 2 Bände, Zürich 1955

Ders.: Contra epistulam Parmeniani, in: *Migne, Patrologia Latina,* Bd. 43

Eichrodt, Walther: *Theologie des Alten Testaments,* Teil 1: Gott und Volk, 3. Aufl. Berlin 1948

Des Flavius Josephus kleinere Schriften (Selbstbiographie — Gegen Apion — Über die Makkabäer), übersetzt von H. Clementz, Halle/S. o. J.

Foerster, Werner: *Neutestamentliche Zeitgeschichte,* 2 Bände, 3. Aufl. Hamburg 1955 und 1961

Troeltsch, Ernst: *Die Soziallehren der christlichen Kirchen und Gruppen,* Tübingen 1922, Neudruck Aalen 1965

Barth, Karl: *Christengemeinde und Bürgergemeinde,* Zürich 1946

Ders.: Die christliche Gemeinde im Wechsel der Staatsordnungen, in: *Evangelische Theologie,* 8, 1948/49, S. 1-15

Luther, Martin: Von weltlicher Obrigkeit und wie weit man ihr Gehorsam schuldig sei (1522/23), in: *Weimarer Ausgabe* Bd. 11

Schrey, Heinz-Horst (Hrsg.): *Reich Gottes und Welt. Die Lehre Luthers von den zwei Reichen* (Wege der Forschung 107), Darmstadt 1969

Trillhaas, Wolfgang: *Ethik,* 3. Aufl. Berlin 1970, Kap. 29 (Lit.)

Wolf, Ernst: *Sozialethik,* Göttingen 1975, §§ 14-17

Wach, Joachim: *Sociology of Religion,* University of Chicago Press 1944; deutsch: *Religionssoziologie,* Tübingen 1951

Nachtrag:

Eine umfassende Aufarbeitung des im vorstehenden Beitrag gewählten Hauptbeispiels bietet jetzt das Buch von Jakob Taubes (Hrsg.), *Religionstheorie und Politische Theologie,* Bd. 3: Theokratie, München/Paderborn 1987. Sowohl zu theokratischen Tatbeständen als auch zur Begriffsgeschichte werden viele neue Materialien beigesteuert. Wichtig ist das Dossier von Wolfgang Hübener: »Texte zur Theokratie«. Es hätte jedoch die Gewichtung der Thematik unseres Beitrages in eine nicht beabsichtigte Richtung gebracht, wenn dies alles eingearbeitet worden wäre. Desgleichen wurde darauf verzichtet, die Zitate aus Chomeinis Hauptwerk, die auf dem arabischen Text unter Zuhilfenahme der englischen und französischen Übersetzung basieren, auf die inzwischen erschienene deutsche Übersetzung abzustimmen: Ajatollah Chomeini, *Der islamische Staat* (Islamkundliche Materialien, Bd. 9, übersetzt von Nader Hassan und Ilse Itscherenska), Berlin 1983. Auf beide Bücher sei nachdrücklich hingewiesen.

Zwei aktuelle Stellungnahmen! Zur theokratischen Staatsauffassung (1979) und zur Rushdie-Chomeini-Affäre (1989)

I. »Der Pfad der Beredsamkeit« *(Nahdschu l-balagha)*

Als die Besieger des Schah den Anspruch erhoben und versprachen, einen Islamischen Staat zu errichten, fragte man sich nicht nur in der westlichen Welt, wie solch ein Staat wohl aussehen könnte. Aus anderen Gründen stellte man auch an vielen Orten in der islamischen Welt die Möglichkeit in Frage, einen Staat zu islamisieren.

Der kritische Punkt im Westen bestand in der historisch begründeten Einsicht in die Schwierigkeit, wenn nicht Unmöglichkeit, eine Gemeinschaft oder eine Gesellschaft vollständig nach theokratischen Prinzipien zu gestalten. War es doch gerade diese Schwierigkeit gewesen, die den langdauernden Streit zwischen Kaiser und Papst im Mittelalter verursacht hatte, und schien sich daraus doch die Unmöglichkeit ergeben zu haben, verschiedene Grundsätze zu harmonisieren: nämlich die staatlichen und kirchlichen politischen Forderungen, die hinter der Unterscheidung zwischen *regnum mundi* und *regnum Christi* im Reformationszeitalter standen, und die offenbar endgültig hinter der Legitimität säkularer Staaten in der Neuzeit steht.

Was die Diskussion im sunnitischen Islam anlangt, so hatte man niemals vergessen, wenn auch nicht immer klar im Bewußtsein behalten, daß der Koran selbst nahezu nichts enthält, was man bürgerliche oder staatliche Gesetzgebung nennen könnte. Gewiß, in einem so frühen Dokument wie der Gemeindeordnung von Medina waren die Rechte und Pflichten der rivalisierenden Parteien des im Entstehen begriffenen kleinen Staates definiert worden, und wie das Religiöse und das Politische ineinander verwoben werden konnte, war aus einem Brief zu ersehen, der vorgab, von dem Kalifen Omar an Abu Musa al-Asch'ari, seinen Gouverneur in Basra, gesandt worden zu sein. Aber gerade die Festigkeit der logischen Verbindung zwischen Gottes Willen und den mehr oder weniger pragmatischen und aufs Geratewohl gegebenen Regulierungen in diesen Dokumenten schien nicht von vornherein evident zu sein, sondern hatte wieder und wieder durch die islamischen Juristen in der Kalifatstheorie erwiesen werden müssen. Und ein Erweis, wie ihn ein Klassiker vom Format eines Mawardi (Abu l-Hasan Ali ibn Muhammad al-Mawardi, Staatsrechtler, gest. 450/1058) angeboten hatte, so solide er auch zu sein schien und so oft man ihn auch als zuverlässig wiederholt hatte, hob doch die Virulenz des Problems nicht grundsätzlich auf. Der Nachweis des logischen Zusammenhanges von Staatsrecht und Gottesglauben konnte auch auf andere Weise erbracht werden, nicht zuletzt durch die tatsächliche Entwicklung in modernen islamischen Staaten.

Die Fragestellung aber, ob der in diesen frühen Dokumenten aufgewiesene Keim eines Staates substantiell islamisch ist, und ob die späteren Theorien konsequente Entwicklungen aus diesem Keim sind, blieb immer lebendig. Sie ergab sich schon vom sunnitischen Standpunkt aus und erhob sich gleichsam in eine zweite Potenz, wenn die Schia betroffen war. Die Argumente, welche die sunnitische gegen die schiitische Seite zu richten pflegte, konvergierten mit Zweifeln, die sich auf der letzteren selbst erheben konnten; sie brauchen hier nicht voneinander unterschieden zu werden. Die schiitischen Zweifel kommen natürlich nicht von den Fundamentalisten, sondern von den Theoretikern jeder anderen Provenienz, die sich gleichwohl dem schiitischen Bekenntnis verpflichtet fühlen. Inhaltlich spitzen sich diese Zweifel in der Tatsache zu, daß es leichter ist, gegen eine königliche Regierung zu opponieren und die Maßnahmen einer Verwaltung und eines Schah zu kontrollieren — wobei diese Opposition von Prinzipien religiöser Ethik geleitet ist —, als selbst zu regieren und direkt zu verwalten. Dann mußte man sich nämlich aus dem Reich reiner Grundsätze in die Sphäre pragmatischer Notwendigkeiten begeben, in welcher man mehr Gelegenheit hat, mit weltlichen Mächten Erfahrungen zu machen. Die Überzeugung, daß der *Imam*, sei er der zwölfte oder ein anderer, als Stellvertreter für den toten Propheten steht und der *Mudschtahid* als Stellvertreter für den verborgenen Imam, kann mit einem Zeichen in der Arithmetik, das vor der Klammer steht, nicht mit dem Wert innerhalb der Klammern verglichen werden. Also: Wie substantiell schiitisch und nicht bloß persönlich und willkürlich konnte der Sprung sein, mit dem der *Mudschtahid*, jetzt das erste Mal seit dem sechzehnten und vielleicht sogar seit dem zehnten Jahrhundert, von seinem Platz vor der Klammer nun zwischen die Klammern gelangte, welche das Inhaltliche von jeglicher verändernden Determinante isolieren?

Eine Person, die solche Probleme mit Repräsentanten der Revolution von 1979 in Iran zu diskutieren versuchte, rief nur ein allgemeines Kopfschütteln hervor und bekam die sehr einfache Antwort: »Lies das *Nahdschu l-balagha* und besonders sein bedeutendstes Stück, den Brief von Hazrat 'Ali an seinen Oberkommandeur Malik Aschtar, dann brauchst du so dumme Fragen nicht mehr zu stellen.«

In der Tat, das *Nahdschu l-balagha* war der erste klassische Text dieser Gattung, der nach dem Erfolg der Revolution auf dem iranischen Buchmarkt erhältlich war. Er muß oft und lange im Geheimen — es wäre zu untersuchen, in welchen Jahren bis 1979 sein Besitz verboten war und in welchen nicht — studiert und ausgelegt worden sein, um ihn zu gegebener Zeit direkt administrativ, politisch und moralisch anzuwenden. Eine persische Übersetzung von Dschavad Fazil, in der das Material systematischer als im arabischen Original geordnet ist, erschien schon im Jahre 1330/1911, drei Jahre später bereits in 7. Auflage, und wurde 1979 nachgedruckt. Eine vollständige Ausgabe (1340 Seiten), die eine andere persische Übersetzung hinter jedem gleichfalls abgedruckten arabischen Abschnitt enthält, erarbeitet von Faizu l-Islam, wurde wahrscheinlich im Jahre 1392/1972 beendet und gedruckt. Eine englische Übersetzung von Syed Mohammed Askari Jafery wurde vom Khorasan Islamic Centre in Karachi im Jahre 1380/1960 publiziert und auf Betreiben von Scheich Hassan Sa'id von der Chehel Sotoon Library and Theological School der Masdschid-e Dschame' in Teheran im Jahre 1397/1977 nachgedruckt. (Die beiden genannten Erscheinungsjahre 1972 und 1977 passen nicht zu der heute überall zu hörenden Versicherung, das Buch sei unter dem Schah-Regime verboten gewesen.) Verschiedene Ulama und Politiker, die nach der Revolution prominent wurden, haben

Teile davon kommentiert. Besonders hervorgehoben seien das *Seiri dar Nahdschu l-balagha* von Ajatollah Mortaza Motahheri (1354/1935), der ermordet wurde, kurz nachdem er Vorsitzender des Revolutionsrates geworden war, und die persische Übersetzung von »Zwei Texten von Imam Ali« von Asadollah Mobascheri (Jahr?), erster Justizminister der Übergangsregierung nach der Revolution. Kürzere englischsprachige Anthologien und Auszüge aus dem *Nahdschu l-balagha* von verschiedenen Übersetzern oder Herausgebern sind bei den Botschaften der Islamischen Republik Iran erhältlich. Der Brief an Malik Aschtar wurde in einer Folge von Fortsetzungen in der Teheran Times vom Dezember 1979 abgedruckt und diskutiert.

Die Übersetzungen und Kommentare seit der konstitutionellen Revolution sind nur die Fortsetzung einer langen Reihe früherer Kommentierungen innerhalb und außerhalb von Iran. Nicht weniger als achtzehn sunnitische (und meistens arabische) Kommentierungen sind bekannt, dazu fünfzehn schiitische Kommentierungen und/oder Übersetzungen, die meisten in Persisch. Hinzu kommen je eine Umsetzung in Verse auf Urdu, auf Persisch und auf Türkisch. Aber niemals scheint das Werk eine so kanonische Anerkennung gefunden zu haben wie jetzt in Iran, wo man es beinahe dem Koran gleichstellt.

Die Autorität dieses Buches steht und fällt für schiitische Theologen und Leser natürlich mit der Zuverlässigkeit der Zuschreibung all seiner Teile an den Kalifen Ali. Diese ist schon verschiedene Male in Frage gestellt worden. Soweit es die Staatstheorie betrifft, hat man zu unterscheiden zwischen der Anweisung an Malik Aschtar, die nun das 53. Stück in der Briefabteilung der ganzen Kompilation ist, verwandten Gegenständen in vielen anderen Predigten und Briefen sowie sonstigen Themen wie Islamische Geschichte, Kosmologie, Gotteslehre, Eschatologie usw. Ein erster Eindruck, der für Alis Autorschaft spricht, kann sich nur an den Brief an Malik Aschtar und die verwandten Gegenstände halten, während die anderen komplexen Themen niemals das metaphysische Wissen oder auch nur das Feld der Interessen Alis während seiner kurzen Regierungszeit gewesen sein können. Es ist für die Authentizität von zweitrangiger Bedeutung, ob der Brief an Malik Aschtar eine Komposition derselben

Gegenstände ist, mit denen sich der Autor in Briefen an Statthalter und Bewohner verschiedener Provinzen, an Zoll- und Steuereinnehmer und an andere Personen befaßt, oder ob dieser Brief den originalen Katechismus staatlicher Gesetzgebung und Verwaltung darstellt. (Die verwandten Gegenstände an anderen Stellen des Buches wären dann Parallelen, besonders begründete Hervorhebungen oder Wiederholungen einzelner Aussagen). Unter diesem Gesichtspunkt darf man sich in der Tat auf den Brief an Malik Aschtar konzentrieren, da die Autorschaft für die Inhalte wichtiger ist als für die literarische Gestalt, in die sie gefaßt worden sind.

Ganz im Gegensatz zum Eindruck von der Authentizität des Briefes an Malik Aschtar, den viele Bearbeiter gewonnen haben, wird jedoch seine pseudepigraphische Zuschreibung an Ali in einer gelehrten, ausgezeichneten Studie von Wadad al-Qadi, *An Early Fatimid Political Document* (Studia Islamica 48, 1978, S. 71-108) erwiesen. Nach dieser Autorin ist der Brief, der vorgibt an Malik (ibn al-Harith) al-Aschtar (al-Nacha'i) anläßlich seiner Bestellung zum Gouverneur von Ägypten im Jahre 38/658 adressiert zu sein, in Wirklichkeit eine irakische Rezension eines Textes, von dem auch eine maghrebinische Rezension existiert; die letztere gibt sich als ein politisches Testament *(ahd)* in al-Qadi al-Nu'man ibn Muhammad ibn Hayyun's (gestorben 363/974) Kompendium des ismaelitischen Gesetzes mit dem Titel *Da'a'im al-Islam*. Während die irakische Rezension, die in den letzten zwanzig Jahren des 4./10. Jahrhunderts erschien, alle Aussprüche Ali zuschreibt, ist dies bei der maghrebinischen Rezension nicht der Fall. Anhand eines detaillierten Vergleichs von historischen und geographischen Anspielungen im Text mit Fakten, die sich aus anderen Quellen sichern lassen, kann Wadad al-Qadi zeigen, daß die maghrebinische Rezension einem hypothetischen ersten Entwurf des *ahd* näher steht als die irakische Rezension; dieser *ahd* müsse ursprünglich auf Veranlassung von al-Mahdi Abdallah im Maghrib gegen Ende des 3./9. Jahrhunderts geschrieben sein und biete die früheste vollständige Verfassung der Fatimiden nach ihrem Wandel von einer Geheimbewegung in einen etablierten Staat.

»Später nahm ein proschiitischer Schreiber, möglicher- aber nicht notwendigerweise al-Scharif al-Radi (starb 403/1012),

diese Rezension und brachte Veränderungen an, die nach seiner Meinung genügten, um sie wie eine Kompilation Alis aussehen zu lassen, und schrieb sie Ali zu. Dies geschah wahrscheinlich im Irak. Sollte dieser proschiitische Schreiber tatsächlich al-Scharif al-Radi selbst gewesen sein, dann hat er wahrscheinlich den *ahd* in den *Da'a'im al-Islam* nicht gesehen, da die *Da'a'im* einige andere Testamente Alis enthalten, die al-Scharif in sein Nahdschu l-balagha nicht aufnahm. In diesem Falle hätte er eine Kopie des *ahd* in einer anderen Quelle gesehen, möglicherweise in derselben, aus welcher al-Nu'man seine Rezension abschrieb«.
(S. 94 ff.)

Der pseudepigraphische Nachweis entwertet jedoch nicht den schiitischen Charakter des Dokumentes als ganzem. Wenn dieser Text zur *Magna Charta* der islamischen Regierung im heutigen Iran erhoben wird, dann muß man sich mit ihm unabhängig von der Frage der Autorschaft auseinandersetzen und mit dem, was Wadad al-Qadi dazu beisteuert. Wie kommt das islamische Kolorit in der *Da'a'im*-Rezension zustande, wenn man sie mit Fürstenspiegeln vergleicht, die aus griechischen und mittelpersischen Quellen übersetzt wurden oder ihnen mindestens inhaltlich verpflichtet sind? Wie konnte dieses Kolorit durch Auslassungen, Veränderungen und Einfügungen, denen der Autor der *Nahdsch*-Rezension die *Da'a'im* unterzog, sogar noch verstärkt werden? Wadad al-Qadi hat schon gezeigt, wie eine Verpflichtung des gerechten Statthalters eher dem Volk als dem autokratischen Herrscher gegenüber heranwuchs, wie der Herrscher die Zufriedenheit des gemeinen Volkes statt der der Nobilität suchen sollte und wie die Anerkennung islamischer Institutionen, wie der Gebets- und Festzeiten, andere Regulierungen nötigt, sich mit diesen Institutionen zu arrangieren.

Die Ergänzung dieser instruktiven Nachweise sollte in zweierlei bestehen. Erstens: Wie unterscheidet sich schließlich das Resultat dieser Entwicklung einer Staatslehre von hellenistischen und christlichen Fürstenspiegeln, seien sie theokratisch oder nicht, auf die wir uns unbewußt beziehen, wenn wir den schiitischen Gerechten Staat einzuschätzen versuchen? Zweitens: Wie ist die Verbindung der islamischen *Civitas Dei* im *Nahdschu l-balagha* mit der politischen Metaphysik beschaffen, die ihrerseits in einer Gotteslehre, Kosmologie und Eschatologie gründet, durch deren Aufnahme das *Nahdschu l-balagha* selbst im Zusammenhang mit der schiitischen Rezeption und Metamorphose eines entsprechenden Vermächtnisses der ganzen Spätantike steht? Hier kommt vielleicht eine Entwicklung ans Licht, die mit der *Politische*(n) *Metaphysik von Solon bis Augustinus* parallel geht, wie sie Arnold A. T. Ehrhardt in seiner berühmten Studie (erschienen 1959) nachgezeichnet hat. Daraus werden sich analoge, aber nicht identische Antworten auf die Fragen begründen lassen, wie sie eingangs gestellt wurden — Antworten, die sich als eine selbständige islamische Realität ausgeben, anstatt eine Undurchführbarkeit manifest zu machen, die das christliche Abendland vor diesem Ideal immer scheitern ließ.

II. »Die Satanischen Verse«

Es ist für einen Historiker immer etwas peinlich, zu einem literarischen Werk befragt zu werden, um Hintergründe aufzuhellen und zu erklären; denn der Interpretation des Werkes wird damit direkt nicht gedient. Schon bei historischen Romanen ist es ganz fehl am Platze, die Geschichte oder das Geschichtsbild des Autors korrigieren zu wollen. Es ist erst recht schwierig bei einem Roman, der noch nicht einmal ein historischer sein will.

Rushdies Buch erinnert in seiner Fabulierkraft an Geschichten aus *Tausend und einer Nacht*. Mit seiner eingestreuten Gelehrsamkeit, die sich an der Verwendung und Neubildung von Eigennamen zeigt, hat es etwas Barockkes, und durch die Art, wie individuelle Personen ineinander übergehen, verschwimmen eine bestimmte Bildtechnik und Seelenwanderungsvorstellungen ineinander. Daher will ich nur einiges herausgreifen, das zu wissen von Interesse sein könnte, nicht um der Interpretation des Romans direkt zu dienen, sondern um durch einen Kontrast deutlicher hervorheben zu lassen, was der Autor sagen will. Es geht um die Frage, warum das Buch eigentlich *Die Satanischen Verse* heißt, und zwar unter den drei Stichworten: dichterische Motivation, inhaltliche Aussage und schriftliche Form.

1. Zur dichterischen Motivation will der Autor im Buch selbst die — zutreffende — Auskunft geben, indem er sagt, daß die Hauptperson Gibreel Farishta unter anderem »die Theosophie von Annie Besant, ... und das Ereignis der Satanischen Verse in der frühen Laufbahn des Propheten« studiert habe (S. 24, engl. Originalausg.). Es gibt im Koran in der 26. Sure eine interessante Stelle, wo Mohammed sich über die Besessenheit von Dichtern durch Satane äußert. Satane sind hier Dämonen und Dämoninnen. Unter ihnen ist nicht der richtige Teufel, wie wir ihn im Mittelalter unseres 13. Jahrhunderts kennen. Die Stelle ist so wichtig, daß ich sie in der Übersetzung von Rudi Paret zitieren möchte.

»Die Satane sind nicht mit ihm herabgekommen. Das steht ihnen nicht an, und sie sind nicht (dazu) fähig. Sie sind vom Hören (dessen, was im Himmel besprochen und angeordnet wird) ferngehalten. Ruf nun nicht neben Gott einen anderen Gott an! Sonst wirst du bestraft werden. Und warne deine nächsten Sippenangehörigen (vor der Strafe Gottes) und senke deinen Flügel für die Gläubigen, die dir folgen! Und wenn sie sich dir widersetzen, dann sag: Ich bin unschuldig an dem, was ihr tut (und trage keine Verantwortung dafür). Und vertrau auf den Mächtigen und Barmherzigen, der dich sieht, wenn du (im Gebet) stehst und dich unter denen, die sich niederwerfen, hin- und her wendest! Er ist der, der (alles) hört und weiß.

Soll ich euch (darüber) Kunde geben, auf wen die Satane herabkommen? Sie kommen auf jeden Schwindler und Sünder herab. Sie horchen (am Himmel in der Absicht, sich höheres Wissen zu verschaffen). Und meistens lügen sie. Und den Dichtern (die ihrerseits von Satanen inspiriert sind) folgen diejenigen, die (vom rechten Weg) abgeirrt sind. Hast du denn nicht gesehen, daß sie in jedem Wadi schwärmen, und daß sie sagen, was sie nicht tun? Nicht so diejenigen, die glauben und tun, was recht ist, unablässig Gottes gedenken und (erst?) zur Selbsthilfe greifen, nachdem ihnen Unrecht geschehen ist. Diejenigen, die freveln (und Unrecht tun), werden (schon noch zu) wissen (bekommen), welche Wendung es (schließlich) mit ihnen nehmen wird.«
(Sure 26, 210-227).

Diese Übersetzung lockert den äußerst dichten Satzbau des Originals durch sinngemäß eingefügte Sätze etwas auf und macht ihn in kongenialer Weise verständlich.

Es ist also die Rede davon, daß Mohammed sich von

Dichtern abgrenzt. Seine Predigt soll auf keinen Fall mit deren Wort verwechselt werden. Das hatte den Grund, daß sie als inspiriert, das heißt für ihn, als besessen galten und in einer Nähe zu den altarabischen Wahrsagern standen, die einen anderen Glauben als Mohammed verkündeten. Es wird sogar auf ein beliebtes Thema der arabischen Dichtung angespielt: Man schwärmt im Wadi umher und sagt, was man nicht tut. Das ist das Thema des nächtlichen Hinterhergehens hinter der weglaufenden, der flüchtigen Geliebten. Am Schluß des Textes wird eine Einschränkung gemacht. Da scheint Mohammed inzwischen Dichter unter seinen Anhängern zu haben, und für diejenigen, die glauben und tun, was recht ist, gilt seine Abgrenzung nicht. Ich halte es nun für möglich, daß Rushdie so etwas im Sinn hatte, als er sein Buch »Satanische Verse« nannte. Das kann entweder bedeuten, daß er ein Schriftsteller sein will, der eben vom Dämon besessen ist und deswegen Mohammed zu Auseinandersetzungen herausfordert, also erwartet, von ihm nicht akzeptiert zu werden, oder aber zu denen gehört, die von ihm doch akzeptiert werden.

Es gibt noch eine weitere Erwägung zu diesem Punkt: Der Korantext ist unter dem Kalifen Osman redigiert worden, und diese Version gilt als kanonisch. Es haben aber noch 400 Jahre lang Streitigkeiten um apokryphe Stellen zwischen Schriftstellern stattgefunden, unter anderem auch zwischen Sunniten und Schiiten. Es ist ein ganzes Paket von Texten überliefert, die nach der Meinung des einen oder anderen Autors oder der einen oder anderen Sekte im Koran stehen sollten, dort aber nicht stehen. Diejenigen, die da gegeneinander polemisieren, sprechen nach der Lesart des jeweiligen Gegners zwar in diesen Fällen nicht von satanischen Versen, aber sie werfen ihren jeweiligen Gegnern Auslassungen und Einfügungen in den Korantext vor, derenthalben sie in der Hölle verkommen würden. Möglicherweise steht schon eine solche Überlegung hinter Rushdies Titel. Er wäre dann einer, der in das Bild des Islam, wie es der Koran zeichnet, etwas einfügt und er täte es wieder mit demselben doppeldeutigen Anspruch. So verweilt er auch im Buch nicht ungern bei Episoden, wo jemand Worte, die später im Koran stehen werden, neu schreibt, sei es Mohammed selbst (z. B. S. 384), sei es eine solch halblegendäre, halbhistorische Persönlichkeit wie der Prophet und Genosse Salman(!), der Perser:

»Eines Nachts hatte der persische Schreiber einen Traum, in dem er bei der Höhle des Propheten auf dem Berg Cone über Mahounds Gestalt schwebte. Zuerst kam es Salman nur wie eine nostalgische Träumerei vor, eine Erinnerung an die alten Zeiten von Jahilia. Aber dann fiel ihm auf, daß sein Standort im Traum derjenige des Erzengels war, und in diesem Augenblick trat ihm der Vorfall mit den Satanischen Versen so lebendig vor Augen, als ob es gestern gewesen wäre. ›Vielleicht war ich im Traum gar nicht Gabriel‹, überlegte Salman, ›vielleicht war ich Satan.‹ Diese Vorstellung brachte ihn auf seine diabolische Idee. Als er dann zu Füßen des Propheten saß und Regel auf Regel niederschrieb, begann er heimlich Dinge zu verändern.«
(S. 367, engl. Originalausg.)

2. Im Zentrum der inhaltlichen Aussage stehen die blasphemischen Stellen. Ich möchte hier eine dieser Stellen, übersetzt und abgedruckt in der *tageszeitung* vom 22. Februar 1989 in Erinnerung rufen (im Originaltext in Kapitel VI »Return to Jahilia«); mit dem letzteren Wort, zu deutsch »Unwissenheit«, benennt Rushdie die Stadt Mekka. Was in der islamischen Tradition eine Bezeichnung der in Arabien vor der Verbreitung des Islam herrschenden Zustandes war, wird bei Rushdie zum Namen einer Stadt, in der man besseres Wissen durch geschlechtliche »Erkenntnis«, ausgeübt im Bordell »Der Vorhang« (oder »Der Schleier«), erlangt.

»Der Lebensmittelhändler Musa gestand einer anderen Arbeiterin des horizontalen Gewerbes im ›Schleier‹, daß man die alten Gewohnheiten nur schwer ablegen könne, und wenn er ganz sicher war, daß niemand ihn hören konnte, sprach er hin und wieder ein leises Gebet an ›Manat, die mir immer die liebste war‹ und manchmal, was soll man machen, auch an al-Lat. ›Weibliche Göttinnen sind eben einfach nicht zu schlagen, sie verfügen über Attribute, die die Burschen nicht besitzen!‹ Worauf er sich gleichfalls und um so heftiger auf das irdische Abbild dieser Attribute stürzte. So kam es, daß der müde, dahinwelkende Baal in seiner Bitterkeit lernte, daß kein Reich absolut, kein Sieg vollständig ist, und langsam wuchs seine Kritik an Mahound.«

Mahound ist ein Deckname für Mohammed. Sodann folgt ein längerer Abschnitt über die Tötung der al-Lat.

Das ist, so meine ich, eine Anspielung auf kultische Prostitution, und was als sexuelle Blasphemie angeprangert wird, könnte eine interpretatorische Einfügung des vorislamischen, alt-arabischen Hintergrundes in die Anfänge des Islam sein. Da hatten in der Tat drei Göttinnen eine Rolle gespielt, wenn auch wahrscheinlich von anderem Charakter als hier vorausgesetzt wird. Al-Lat heißt auf deutsch »Die Göttin«. Das ist das einfache Femininum zu Allah, »Der Gott«. Es ist eine weibliche, vielleicht in einem nahe Mekka gelegenen Stein sichtbare Gestalt, welche »die Göttin« genannt und später von der Sonne abgeleitet wurde. Al-Lat ist auch zeitweilig ein Name für die Sonnengöttin gewesen. Beduinen sind zu diesem Heiligtum gewallfahrtet, haben dort im Tal Waddsch bei Ta'if ihre Verehrung dargebracht und sie als Fürsprecherin wahrscheinlich bei Allah in Anspruch genommen. Reste dieses Heiligtums sind bis auf den heutigen Tag erhalten und werden von Beduinen zur Krankenheilung aufgesucht. Die zweite Göttin hieß al-Manat und war eine Schicksalsgottheit. Das Wort bedeutet wahrscheinlich »das Zugeteilte«, »das Todesgeschick«. Die dritte hieß al-Uzza, zu deutsch »die Starke«, »die Gewaltige«. Ihr Heiligtum war nicht ein Stein, sondern es waren drei Akazienbäume in einem Tal bei Mekka. Ihr wurden Tieropfer dargebracht. Daß auch Menschen geopfert worden sind, wie gelegentlich behauptet wurde, ist nicht gesichert. Diese drei Göttinnen wuchsen zu einer Dreiheit zusammen, die von den Koraischiten, der Sippe Mohammeds in Mekka, »Allahs Töchter« genannt wurden. Bei Rushdie kommen sie in den verschiedensten Facettierungen vor, zum Beispiel:

»Uzza mit dem strahlenden Antlitz, Göttin der Schönheit und der Liebe; die finstere, dunkle Manat, mit abgewandtem Gesicht und geheimnisvollen Absichten, läßt Sand durch ihre Finger gleiten — sie wacht über das Verhängnis, sie ist das Schicksal; und als letzte, die erhabenste der drei, die Muttergöttin, von den Griechen Lato genannt. Ilat nennt man sie hier oder auch Al-Lat. Die Göttin. Selbst ihr Name macht sie zum Wiedersacher Allahs und ihm ebenbürtig. Lat, die Allmächtige.«
(S. 99-100, engl. Originalausg.)

Dazu sei folgende Stelle aus dem Koran zitiert:

»Was meint ihr denn, (wie es sich) mit al-Lat und al-'Uzzā (verhält), und weiter mit Manat, der dritten (dieser weiblichen Wesen)? (Sind sie etwa als Töchter Gottes anzusprechen?) Sollen euch die männlichen Wesen zukommen, und Gott die weiblichen (die ihr Menschen für euch nicht haben wollt)? Das wäre eine ungerechte Verteilung. Das sind bloße Namen, die ihr und eure Väter aufgebracht habt, und wozu Gott keine Vollmacht herabgesandt hat. Sie gehen nur Vermutungen nach und dem, wonach (ihnen) der Sinn steht, wo doch die Rechtleitung von ihrem Herrn zu ihnen gekommen ist. Oder soll (etwa) der Mensch haben, was er sich wünscht (und darüber bestimmen, wie alles verteilt wird)? (Nein!) Gott gehört das Jenseits und das Diesseits.«
(Sure 53, 19-25).

Mohammed scheint also eine Zeitlang den Sprachgebrauch »Töchter Allahs« mitgemacht, ja nicht einmal die Macht ihrer Existenz geleugnet zu haben. Hier kehrt er sich davon ab: Diese Bezeichnung nämlich gilt als eine Einflüsterung Satans, und damit ergibt sich die eigentliche Erklärung des Buchtitels *Die satanischen Verse*. Denn für Rushdie spielen die drei Göttinnen eine wichtigere Rolle als Allah, und er rekonstruiert gleichsam das, was bis auf die in Sure 53 übriggebliebene Frage einmal dagestanden haben muß und durch andere Verse verdrängt worden ist (S. 124, engl. Originalausg.). In der Konsequenz von Muhammeds vollzogener Abkehr jedoch geschieht es, daß schon die früheste islamische Gemeinde die Heiligtümer, vor allen Dingen das Heiligtum der al-'Uzza zerstörte. Prostitution im Dienst dieser drei Göttinnen ist nicht belegt. Wir wissen viel über kultische Prostitution in Syrien, in Mesopotamien, bei den Hethitern, bei den Lydern, bei den alten Kananäern — bei den Arabern jedoch nichts, und das kann kein Zufall sein. Ich nehme also an, daß Rushdie sich hier die Freiheit nimmt, das kultische Muster einer sakralen Prostitution aus anderen semitischen Ländern auf die arabische Halbinsel zu übertragen und damit das arabische Heidentum, mit dem sich der junge Islam auseinanderzusetzen hatte, in einer ganz besonderen Weise zu interpretieren. Indem er außerdem die Dienerinnen dieser Göttinnen auf zweideutige Weise als Huren den Gattinnen des Propheten anverwandelt, wird er eindeutig blasphemisch, und man kann es Muslimen nachfühlen, daß sie davon genauso verletzt sind, wie Christen es nach den ersten Aufführungen von Oscar Panizzas »Liebeskonzil« waren. Dies rechtfertigt selbstverständlich nicht die Ermordung oder auch nur eine Inhaftierung des Autors.

3. Die schriftliche Form hat grundsätzlich etwas zu tun mit der Rolle des geschriebenen Wortes. Wir sind es gewohnt, als Geschriebenes den schriftlichen Niederschlag dessen, was man denkt, zu sehen. Die eigentliche Würde liegt in dem, was man im Kopf hat, das wird dann aufgeschrieben. Der Topos des heiligen Buches, der im Orient weit verbreitet ist, und den der Koran zu seiner Vollendung führt, kennt eine Würde des Geschriebenen als solchen. Die bloße Tatsache, daß geschrieben wird, kommt der Heiligkeit nahe, und deswegen läßt sich erklären, daß die Heftigkeit der Reaktion sich nicht nur gegen Rushdies Buch, nicht nur gegen dessen Gedankeninhalt richtet, sondern auch gegen die bloße Tatsache, daß es geschrieben ist, wie der Koran auch geschrieben ist, jedoch mit seinem satanischen, vom Propheten verworfenen Inhalt. Rushdies Namensvetter Salman sieht es so:

»Das ist der Punkt: Mahound nahm die Änderungen nicht wahr. Ich war also dabei, das Buch der Bücher zu schreiben, oder besser gesagt, neu zu schreiben — wie auch immer — und das Wort Gottes mit meiner eigenen profanen Sprache zu besudeln. Aber, du lieber Himmel, wenn meine armseligen Worte sich von der Offenbarung durch Gottes eigenen Boten nicht unterscheiden ließen . . . !«

Anmerkung:
Bei den übersetzten Zitaten mit Verweis auf die englische Originalausgabe handelt es sich um eine nicht autorisierte Übersetzung aus Salman Rushdie, *The Satanic Verses*, London (etc.) 1988.

Alltag und Weltgeschehen

Kopftuch und Schleier - was verbergen sie, was sprechen sie aus?

»Ausländerproblem« und Gruppensymbole

Seit etwa einem Vierteljahrhundert leben Ausländer in so großer Anzahl in unserem Staat und in unseren Städten, daß man von einem Ausländerproblem spricht. Man meint damit meistens die Tatsache, daß so viele Ausländer da sind, zusammen mit der Wahrscheinlichkeit, daß noch mehr kommen. Sieht man sich dies beides einmal genauer an, dann erkennt man aber bald, daß das eigentliche Problem nicht im bloßen Dasein der Ausländer besteht, sondern in der Mentalität der Einheimischen, die damit nicht zurechtkommen.

Die Verunsicherung der Einheimischen macht sich an ganz bestimmten Dingen fest: nicht nur an Sprache, Hautfarbe, Gesichtsschnitt, Gestik, sondern auch an Frisur, Gebrauchsgegenständen, Speisen und Kleidung der Fremden. Es geschieht dabei im Grunde dasselbe, wie wenn man sich einen Gegenstand oder ein Bild aus der eigenen Kultur sucht, um es zum Kennzeichen zu erheben. Es ergibt sich dann auf die einfachste Weise, das heißt ohne daß viel geredet und begründet werden muß: Diejenigen, die dieses Kennzeichen anerkennen, gehören zusammen, und sie wissen um diese Zusammengehörigkeit. Dieselbe Zusammengehörigkeit sieht man bei anderen, die man einem bestimmten Kennzeichen unterordnet. Das kann, beides in verschiedenen Graden, berechtigt wie auch unberechtigt sein. Berechtigt ist es zum Beispiel, wenn man ein Kennzeichen, das die anderen, die Fremden, als ihr eigenes präsentieren, einfach übernimmt, oder wenn eine Gruppe bestimmte Gründe hat, ein Kennzeichen, das Außenstehende ihr beigelegt haben, zu ihrem eigenen zu machen. In diesem Falle wird das Kennzeichen zum Wahrzeichen. Unberechtigt ist eine solche Kennzeichnung, wenn das Kennzeichen, unter welchem eine Gruppe eine andere sieht, der letzteren ganz fremd ist oder von ihr aus bestimmten Gründen als falsch empfunden wird.

Man kann Dinge oder Bilder, wenn sie einmal zu solchen Kenn- oder Wahrzeichen geworden sind, kulturelle oder politische Symbole nennen. Diese Symbole sind nach ihrer Herkunft und nach ihrem Sinn verschieden, und sie sind und bleiben es auch im Mit- und Nebeneinander von Staaten, Völkern und Gruppen, ob sie nun durch politische Grenzen voneinander getrennt sind, oder ob die einen inmitten der anderen als Minderheit wohnen. Die Bedeutung, die ein politisches Symbol hat, leitet sich auf recht komplizierte Weise ab aus den eigenen Verhältnissen wie auch aus den Sitten, den Gebräuchen, der Religion der jeweiligen Ausländer. Gewisse Dinge können dabei zum Symbol einer Kultur schlechthin aufsteigen: vor fünfzig Jahren bei uns etwa das Hakenkreuz zu dem der Deutschen, heute etwa ein rot bewehrter schwarzer Adler auf goldenem Grund für die Bundesrepublik Deutschland und ein mit einem goldenen Zirkel belegter goldener Hammer auf roter Kreisscheibe, eingefaßt von einem goldenen Ährenkranz, für die Deutsche Demokratische Republik. Solche Dinge steigen, wie gesagt, auf, das heißt: Sie bekommen eine besondere Bedeutung durch ein viel breiteres Vorkommen, und sie bekommen sie unter ganz bestimmten gesellschaftlichen und politischen Umständen. Färbungen und Hakenkreuze in den verschiedensten Formen, den Adler und den Hammer gibt es zu manchen Zeiten und an vielen Stellen in der Welt auch als Emblem, aber es läßt sich herausfinden, unter welchen Umständen und auf Grund welchen Willens sie zu einem noch sinnmächtigeren Symbol werden. Das geschieht durchaus nicht immer nach den Intentionen der Symbolträger, sondern auch nach Absichten von Außenstehenden und Gegnern. Der aus zwei ineinander geschobenen Dreiecken bestehende, sechszackige »Davidstern« zum Beispiel taucht schon in der jüdischen Antike als nationales Abzeichen auf und konnte doch von den Nationalsozialisten und anderen rechtsstehenden Gruppen zu einem diskriminierenden Merkmal pervertiert werden; hätte man die Juden nach einem Merkmal gefragt, das ihnen unter diesen Umständen eher gemäß sei, sie hätten etwa den siebenarmigen Leuchter genannt.

Unter den Ausländern, die heute mit uns leben, stellen die Türken die größte Gruppe, und neben dem Christentum ist der Islam die verbreitetste Religion. Der Islam hat in seiner Geschichte verschiedene Gestalten angenommen, und die Türken sind Muslime. Sie sind es bei uns vielleicht noch eindeutiger als bei sich zu Hause, denn ihre kulturelle und nationale Identität sind hier gefährdet und aus Gründen, die an dieser Stelle nicht erörtert zu werden brauchen, durch ihre Religion besser zu bewahren als nur durch Sprache oder Brauchtum. So hat sich bei uns weithin in den Köpfen die Vorstellung vom Islam als der Türkenreligion, vom Türkentum als der islamischen Kultur schlechthin festgesetzt.

Es gibt bei uns nicht nur eine aus Verunsicherung entstandene Ausländerfeindlichkeit, für die sogar Argumente gesucht, Kenntnisse gesammelt werden. Es gibt auch viel guten Willen, die Fremden als Gäste zu ehren oder heimisch zu machen; ein deutsch-türkischer, oder ein christlich-islamischer Dialog soll dazu mithelfen. Auch um einen Dialog zu führen, muß man die andere Seite kennenlernen. Die Kenntnisse, welche Feinde und Freunde von den Ausländern haben können, sind oft sogar dieselben, nicht bei den einen verzerrt und bei den anderen richtig; sie werden nur gegenteilig bewertet, oder dort mit negativen, hier mit positiven Gefühlen verarbeitet.

Stellt man sich in die Dialoge hinein — und hier spreche ich aus Erfahrung — und diskutiert die Unterschiede zwischen beiden Seiten, so kommt vom deutschen Feind und vom deutschen Freund, vom feindlich und vom freundschaftlich gesonnenen Christen immer dasselbe. Im deutsch-türkischen Dialog nennt der erste oder zweite Deutsche, der sich zu Worte meldet, keinen grundlegenden Unterschied wie »Deutschland ist eine Industrienation mit dem sozialen Schwergewicht in den Städten, die Türkei hingegen ein Land mit Bauern und Hirten und dem sozialen Schwergewicht in den Dörfern, und deshalb fühlen sich viele Türken in unseren Städten so fremd«, sondern diesen: »Bei uns ist die Frau gleichberechtigt, das sieht man daran, daß sie ihr Haar unbedeckt lassen darf wie der Mann; bei den Türken hingegen ist sie es nicht, das sieht man daran, daß sie immer ein Kopftuch tragen muß, der Mann hingegen nicht«. Im christlich-islamischen Dialog sagt der erste oder zweite Christ, der sich zu Worte meldet, nicht etwa: »Bei uns ist Christus Gottes Sohn, bei den Muslimen ist er nur ein Prophet, und daraus ergibt sich ein anderes Verständnis von Rechtfertigung und Erlösung«, sondern er sagt: »Bei uns gibt es nach dem

Neuen Testament — Galater 3,28 — keine Rangordnung zwischen Mann und Weib, denn sie sind allzumal eines in Christo; bei den Muslimen hingegen gibt es sie, denn nach dem Koran muß sich die Frau durch Tragen eines Schleiers dem Mann unterordnen.«

Deutsche(r) und Christ(in) sind bei uns immer noch überwiegend identisch. Sie brauchen also bei Verwendung des Kopftuch-/Schleierarguments keine Anstrengung auf die Überlegung zu verwenden, ob sie als Bürger oder als Kirchenmitglied sprechen; das macht die Sache im kirchlich-religiösen Leben viel leichter als im politischen. So steigt in Berlin und in westdeutschen Städten diesmal das Kopftuch zu einem besonders sinnträchtigen Symbol auf. Es gehört zu den Symbolen, die einer Gruppe von außen beigelegt werden. In erster Linie am Kopftuch erkennen wir, wer eine Türkin ist; manchmal denken wir dabei auch an den Schleier, den wir aus Büchern und Filmen über orientalische Märchenwelten kennen, und meinen darin ein paralleles Kennzeichen für den Islam wiederzufinden. (Die meisten Türken selbst würden, fragte man sie nach einem ihnen wichtigen Symbol, wohl immer noch den silbernen Halbmond mit Stern auf rotem Grund nennen; allerdings scheint sich ein Wandel anzubahnen.) So sollten wir uns auch hier die Frage stellen, ob dieser Aufstieg aus einem viel breiteren Vorkommen eines Dinges, aus einer weiten Verbreitung des Kopftuches, vonstatten gegangen ist. Wir dürfen dabei gleichzeitig auch vom Schleier sprechen; denn es wird sich zeigen, daß beide Weisen, den Kopf zu bekleiden, letztlich dasselbe bedeuten.

Anthropologisches zur Kleidung

Wir müssen beim Allereinfachsten anfangen, auch wenn es nach Binsenwahrheit aussieht (das Folgende vor allem nach Gehlen, 1950, S. 20 ff.; 33 ff.; 55 ff. und Kiener, 1956, S. 12 ff.). Kopftuch und Schleier sind Kleidungsstükke. Warum kleidet sich der Mensch? Weil er von Natur aus keine »Kleidung« mitbekommen hat, weil er nackt ist. Der Mensch hat als einziges von allen höheren Lebewesen keine natürliche »Kleidung« in Form von Federn, eines Felles, eines Pelzes oder einer dicken Schwarte. Nur am

Kopf ist das Haarkleid des Menschen voll ausgebildet, am übrigen Körper ist es bei den allermeisten nur in mehr oder weniger spärlichen Resten vorhanden. Anthropologen erklären diesen Tatbestand am überzeugendsten entwicklungsgeschichtlich: Indem der Rumpf und die Gliedmaßen, aber nicht der Kopf von Haaren entblößt sind, wird ein Zustand beibehalten, der schon bei den Anthropoiden während der letzten Zeit im Mutterleibe und kurz nach der Geburt, also nur vorübergehend, zu finden ist. Die fortschreitende Verzögerung der menschlichen Entwicklung läßt eine Eigenschaft nicht erscheinen, die in der Anlage immer noch vorhanden ist. Insofern ist der Mensch, was seine Körperlichkeit anlangt, im Gegensatz zu allen höheren Säugetieren ein »Mangelwesen«. Er ist seiner Umgebung nicht angepaßt und weitgehend unspezialisiert geblieben. Sein am wenigsten spezialisierter Körperteil ist die Haut. Von Natur aus ist sie weder zum Schutz gegen Kälte geeignet wie ein Fell, noch gegen jede andere Witterung wie eine Befiederung, noch zur Verteidigung wie ein Hautpanzer oder Stacheln, noch zum Angriff wie Hörner oder Hufe.

Aus all diesen Gründen muß der Mensch sich kleiden — aber man sagt damit nichts, wenn man nicht zugleich mitsagt, daß er es mit der Intelligenz tut, die den Ausgleich seiner körperlichen Mangelhaftigkeit darstellt. Sie ermöglicht es ihm, die Anpassungen zu vollziehen, in der die Tiere von Natur leben, ja er kann sogar die Bereiche, innerhalb derer er sich anpassen muß, viel weiter abstecken, als die Tiere es können. Das Känguruh kann sich der Arktis nicht anpassen, der Mensch kann es. Der Eisbär kann sich der Steppe nicht anpassen, der Mensch kann es. Er kann durch seine Intelligenz mittels der Kleidung alle Spezialisierungen vollziehen, welche die Tiere von »Natur«, soll heißen: ohne menschliche Intelligenz, von Anfang an, aber dafür eben nur für Teilbereiche haben.

Damit ist aber noch nicht alles gesagt. Es kommt etwas hinzu, was man die »Bildbesetzung« der Bedürfnisse und ihrer Befriedigung genannt hat. Die Momente der Umwelt, welche die Bedürfnisse des Menschen auslösen, und an denen er sich orientiert, wenn er sich daran macht, sie zu befriedigen, in diesem Falle also: sich mit einem bestimmten Zweck zu kleiden — diese Momente sind nicht stabil, wie sie es für die Tiere sind, sondern sie sind austauschbar, variabel, werden beliebig vorgefunden. Entsprechend verhält es sich mit den Instinkten des Menschen, mit seinen Interessen und der Richtung seiner Antriebe. Er kann in diese auch hineinziehen, was ihm sonst noch an Phantasie und Deutekraft zu Gebote steht. Die Nacktheit des Menschen regt nicht nur seine Erfindungsgabe an, sich Kleider zu machen, sondern auch seine sozialen Instinkte und seine zunächst anderweitig orientierte Schöpferkraft. Deswegen dient Kleidung nicht nur dazu, gegen Kälte oder Wärme zu schützen, sondern — durch bestimmte Macharten oder Farbgebungen — auch dazu, männlich und weiblich oder hoch und niedrig zu kennzeichnen und damit zu unterscheiden. Auch kann sie dazu dienen zu schmücken, wie ein Bild oder eine Plastik schmückt, und das nicht nur im Zusammenhang mit der Schutz- oder Anpassungsfunktion, sondern auch ganz ohne solchen Zweck, ja bis zur Zweckwidrigkeit.

Es kann sogar ein Bedürfnis erst entstehen, nachdem ein Gegenstand aufgetreten ist, an dem es sich dann orientieren kann. Dieser zieht die ganze Serie sonstiger festgelegter Handlungen, Motivationen, Phantasien und Erfindungsmöglichkeiten auch dann an sich, wenn zuvor kein akutes Bedürfnis gefühlt worden ist. Dieser Vorgang vermag ein solches Ausmaß anzunehmen, daß er nicht äußerlich bleiben kann, sondern als Anreiz zur inneren Formung und Menschwerdung aufgefaßt wird. Sich zu kleiden, wird dadurch von einem äußeren auch zu einem inneren Bedürfnis. Das Ich setzt sich mit den eigenen Kleidern gleich; diese werden dann der Ausdruck der ganzen Person, das »Kleider-Ich«. Deshalb wird in alten Sprachen, auch in der Bibel, gesagt, daß man Weisheit, Kraft, Gnade, Licht »anzieht«. Mittels der Kleider überträgt man ein Amt wie die Häuptlings- oder Königs- oder Priesterwürde, eine Fähigkeit wie die des Propheten, eine Eigenschaft wie sittliche Reinheit. Wenn David und Jonathan ihre Kleider tauschen (1. Sam. 18,4 f.), dann tauschen sie ihre Persönlichkeiten. Mit dem Kleid kann der Übergang in eine andere Altersstufe oder in eine neue Gruppe symbolisiert werden: Neues Kleid bedeutet neuer Mensch. Paulus kann sogar dazu auffordern, Christus oder den Neuen Menschen »anzuziehen« (Röm. 13,14; Eph. 4, 24).

Verschiedene Bedeutungen der Kopfbekleidung

»Der Kopf nimmt unter den Körperteilen eine ›hervorragende‹ Stelle in des Wortes doppelter Bedeutung ein. Er ist Träger des Zentralorgans, des Großhirns, und der wichtigsten Sinnesorgane: des Gesichts, Gehörs, Geruchs und Geschmacks; auch Muskel- und Hautsinn sind hier gut ausgebildet. Im Kopf erlebt man die Vorgänge und Inhalte des Vorstellens, des Denkens, des zielbewußten, planenden Wollens. Das Haupt ist am menschlichen Leibe der oberste Teil, und als solches ist es Träger der Fernsinne (Gesicht, Geruch, Gehör) und der in die Ferne wirkenden Sprache. Bekleidung und Schmuck heben sich an ihm als exponiertem Körperteil besonders hervor, weshalb man hier auf sie meist größere Sorgfalt verwendet«.
(Kiener, 1956, S. 170).

Von diesem Sachverhalt her ließen sich alle Haar- und Barttrachten (einschließlich Glatze und Glattrasiertsein), Schmuckstücke wie Stirn-, Ohr- und Nasenringe und Kopfbedeckungen oder -verhüllungen wie Hut, Kopftuch, Mütze, Shawl analysieren. Wir müssen uns auf Bemerkungen zu Kopftuch und Schleier beschränken. Auch bei Beschränkung auf Kopftuch und Schleier können wir nicht alles sagen, was zu sagen wäre, da jedes sehr verschiedene Formen aufweist und beide auch ineinander übergehen können. Mit einer bestimmten Wickeltechnik kann man sogar ein- und dasselbe Tuch für beides benutzen.

Zunächst gilt natürlich auch hier: Kopftuch und Schleier schützen den Kopf, und dies, was immer man sonst noch darüber sagen kann, grundsätzlich überall und bis auf den heutigen Tag, bei Frauen wie bei Männern. Manche Klimazonen erfordern einen solchen Schutz mehr, manche weniger. Der sogenannte Vordere Orient erfordert ihn in extremem Maße. Jeder Mann aus der westlichen Welt, der dort gereist ist, wird die *Kafiyyeh* des Arabers, jede Europäerin oder Amerikanerin den *Tschador* der Perserin als Schutz gegen die Sonne und vor allem gegen den Staub zu schätzen gelernt haben. Nach solchen elementaren Dingen sollte man immer zuerst fragen, bevor man Ideologien bemüht — man wird sehr oft eine ausreichende Antwort finden.

Dann aber gibt es selbstverständlich, wie bei der Kleidung im allgemeinen, auch bei Kopftuch und Schleier im besonderen Be-Deutungen in großer Fülle. Wir wollen sie hier als symbolische zusammenfassen. Grundsätzlich ist zu sagen, daß eine Bedeutung nicht am Kopftuch oder Schleier an sich haftet, sondern ihnen aus je einem besonderen gesellschaftlichen Zusammenhang, gleichsam als Verdichtung seiner wesentlichen Inhalte, beigelegt wird. Hier ist nun allerdings eine elementare Feststellung zu treffen, die als Voraussetzung für alles gelten muß, was im folgenden noch zu sagen sein wird: Was auch immer man über Kopfbedeckungen und -verhüllungen für Mann und Frau zusammen ermittelt — beim Schleier (nicht beim Kopftuch) liegt ein Kleidungsstück für die Frau vor, und dementsprechend gilt auch die Vielfalt der symbolischen Deutungen, mit denen wir es zu tun haben, nur für die Frau. Vielleicht ist dies so, weil beim Mann der Bart ganz entsprechende, vielfältige Be-Deutungen auf sich ziehen kann und damit für ihn den Schleier überflüssig macht. Nicht auszuschließen ist es also, daß hier tatsächlich ein biologischer Unterschied zwischen Mann und Frau anthropologisch nachwirkt. Er ist nicht so tief wie der, daß die Frau Kinder gebären kann und der Mann nicht, aber empirisch unbezweifelbarer als etwa der ganz falsche, daß der Mann mehr Verstand und die Frau mehr Gefühl habe, oder dergleichen. Dieser Unterschied besteht außerdem darin, daß die Frau ihr Haar eher behält als der Mann, dem sein Hormonhaushalt die Haare leicht ausfallen läßt. Damit könnte zusammenhängen, daß der Frau in den meisten Kulturen das Haar wichtiger ist als dem Mann. Es spricht nicht dagegen, sondern ist aufs Ganze gesehen eine Bestätigung dieses Tatbestandes, daß in manchen Zivilisationen, namentlich in Spätphasen, auf männlicher Seite unter bestimmten Umständen immer wieder ein Ausgleich dieses Defizits versucht wird, etwa in der mit Macht assoziierbaren Allongeperücke des Barockfürsten oder des englischen Richters, in der »Künstlermähne«, mit der Papuabombe des Spontis oder der Hahnenkammbürste des Punks, aber auch durch vollkommene Gleichstilisierung des männlichen Langhaares mit dem weiblichen, das auf diese Weise aufhört, geschlechtsspezifisch zu sein. Der Unterschied, der damit illustriert ist, könnte zur Folge haben, daß das Haar der Frau jedenfalls als Schmuck schützenswerter erscheint als das des Mannes (denn als Schutz brauchte es nur instandgehalten zu werden, was auch mit anderen Mitteln ginge), und das sollte vielleicht gerade, wenn es lang ist, am besten durch ein Kopftuch geschehen.

Es ist möglich, daß der Unterschied zwischen Mann und Frau, der hier anzutreffen ist, auch etwas mit dem Unterschied zwischen matristischer und patriarchalischer Gesellschaftsordnung zu tun hat. Die Frage stellt sich dann so: Haben Frauen auch in einer rein matristischen, in einer Frauengesellschaft ein Kopftuch (und eventuell einen Schleier) getragen, beziehungsweise würden sie es tun, oder nicht? Falls ja, wäre das eine Folge des eben entwickelten biologisch-anthropologischen Unterschiedes. Falls nein, würde die Frau das Kopftuch oder den Schleier von Natur aus nicht wollen, auch nicht als Schmuck; es wäre ihr in jedem Falle vom Manne, das heißt in einer patriarchalischen Gesellschaft, aufgenötigt worden, und mit der stets möglichen Deklarierung als Schmuck wäre nur aus der Not eine Tugend gemacht. Da wir aber auf archaische Frauengesellschaften nur Rückschlüsse ziehen können, während bei den Resten mutterrechtlicher Gesellschaften von heute mit allen möglichen Einflüssen von außerhalb zu rechnen ist, wird es sehr schwierig, wenn nicht unmöglich sein, über die Rolle, die Kopftuch oder Schleier in solchen Gesellschaften gespielt haben oder nicht gespielt haben, etwas Gesichertes zu sagen. (Ein Argument, das sich gegen Zusammenhang wie gegen Unabhängigkeit zwischen Kopfbekleidung und Gesellschaftsordnung wenden läßt, werden wir noch hören.) Es ist aber für künftige feministische Untersuchungen wichtig, sich stets an dieses Problem zu erinnern, damit man der Tatsache gewahr bleibt, daß alles, was an symbolischen Deutungen von Kopftuch und Schleier heutzutage mitgeteilt werden kann — einschließlich der Aussage, das Schmuckbedürfnis der Frau sei größer als das des Mannes —, in diesem begrenzten Rahmen zu sehen, das heißt von männlicher Warte aus gesagt ist.

Wo man — in Männergesellschaften — an Geister glaubt, soll der Schleier den Kopf der Frau vor bösen Einflüssen bewahren, diesen aber auch verhüllen, wenn von ihm ein schädlicher Zauber durch den »bösen Blick« ausgehen könnte. Wo die Übergänge von einer Altersstufe zur andern oder von einem sozialen Status in einen andern als besonders gefährdet gelten und durch bestimmte Riten eigens geschützt werden müssen, da gehört für die Frau oftmals der Schleier dazu, so bei Einsetzen der Menstruation, in der Brautzeit und beim Tode des Mannes oder eines nahen Angehörigen; im letzteren Falle vielleicht um wie alle Totengeister so auch den des gerade Verstorbenen abzuwehren. Hier sieht man, daß etwas so Gegensätzliches wie Braut- und Trauerschleier (die Unterscheidung durch Farben wie weiß und schwarz kann ganz sekundär sein) auf einen gemeinsamen Ursprung zurückgeführt werden können. Ein anderer solcher Ursprung für Verschiedenes ist der Kontaktabbruch. Schon der Trauerschleier zeigt auch einen solchen an: Die Trauernde will sich von ihrer Mitwelt zurückziehen, sich ihrem Schmerz überlassen und — vielleicht — ihn nicht durch den Kontrast mit einer glücklicheren Umwelt vergrößern. Den Kontakt abbrechen will aber ebenso die Frau, die »den Schleier nimmt«, um Nonne zu werden, wie die Frau, die aus einem bestimmten Grunde, sei es, daß sie es selber wünscht, sei es, daß sie von einem Mann dazu genötigt wird, die Augen oder die Lippen verdeckt, um es nicht zu dem spontansten, aus der Unverbindlichkeit zu jeder Vertiefung bereiten Kontakt kommen zu lassen, den man durch Blicke oder feinste Mundbewegungen zu einem Mitmenschen herstellen kann. In gewisser Weise kann man hier, analog zu dem, was wir über den Schutz überhaupt gesagt haben, von einem moralischen Schutz sprechen. Entsprechendes gilt für das Kopftuch, dem die Haube verwandt ist. Bei uns im Mittelalter galt sie häufig als Symbol der Unterstellung der Frau unter den Mann bei der Heirat (»unter die Haube kommen«). Das unverheiratete Mädchen durfte das Haar als Zeichen der Freiheit lang und lose tragen, bei der Heirat schnitt man es entweder ab oder steckte es unter die Haube. In der Renaissance war es manchenorts in bestimmten Gesellschaftskreisen gerade umgekehrt: Gerade das junge, unverheiratete Mädchen bedurfte des moralischen Schutzes durch die Haube, die verheiratete Frau, die ihre wichtigste Bewährung bestanden hatte, bedurfte seiner nicht.

Fast ist es überflüssig zu sagen, daß Haube oder Kopftuch und Schleier zuweilen auch gerade das Gegenteil von allem bedeuten können, was bisher gesagt wurde: Statt der Verhüllung von Stellen, von denen man Kontakt fernhalten will — das können, aber müssen nicht nur körperliche Reize sein —, können Kopftuch durch besondere Verzierung und besonders der Schleier durch eine gewisse Art, ihn zu tragen, gerade dazu eingesetzt werden, Kontakt herzustellen. Denn eine Frau kann mit beidem ja auch kokettieren.

Man sieht: Die Bedeutungen, die dem Kopftuch und dem Schleier beigelegt werden können, sind mannigfach und reichen bis zur Gegensätzlichkeit. In einigen Fällen ist es noch möglich, die Gegensätze auf einen gemeinsamen Ursprung zurückzuführen, in anderen ist es das nicht. Dann muß man die kulturgeschichtlichen Tatsachen hinnehmen, wie sie sind. Den Vorderen Orient vor und in der Zeit des Islam werden wir sogleich gesondert betrachten. Wir könnten jetzt aber auch aus anderen Kulturen, einschließlich unserer eigenen, die Beispiele häufen, und dabei leicht zu dem Resultat kommen, daß die Sitte des Kopftuch- oder Schleiertragens der Frau, mit den verschiedensten beigelegten Bedeutungen, in der ganzen Welt vorkommt. Das ist jedoch nicht der Fall. Die Sitte fehlt, mit verschwindend wenigen Ausnahmen, bei den Chinesen, den Polynesiern und den Indianern. Die Gründe dafür sind unbekannt. (Dies ist das vorhin gemeinte Argument gegen den Zusammenhang wie gegen die Unabhängigkeit von Schleier und mutterrechtlicher Kultur, da allenfalls einige polynesische Stämme eine solche haben, Indianer und Chinesen hingegen nicht.) Ich muß dies hier deshalb besonders erwähnen, weil es auffällig ist, daß auch der südostasiatische Islam den Schleier nicht kennt — ob wegen eines frühgeschichtlichen Zusammenhanges seiner Inselwelt mit der polynesischen oder aus einem anderen Grunde, weiß wiederum kein Mensch. In Indonesien, Malaysia und benachbarten neuen Staaten aber leben immerhin mehr als 100 Millionen Muslime — mehr als dreimal so viele wie im ganzen arabischen Raum zusammen (van Ess, in H. Küng u. a., 1984, S. 135). Wir haben es also in der islamischen Welt, was wir von Europa aus leicht übersehen, beim Schleier mit einem durchaus begrenzten Phänomen zu tun — begrenzt auf die arabischen Länder, Iran, Zentralasien, die Türkei und gewisse — beileibe nicht alle — Zonen in Afrika.

Formen im »Vorderen Orient«

Groß ist die Anzahl der Kopftuch- und Schleierformen in diesem Kulturgebiet und vielleicht noch größer die Zahl der mitgegebenen Deutungen. Nach dem bisher Gesagten wird es niemanden wundern, daß die bloße Existenz von Kopftuch und Schleier keine islamische Erfindung ist, sondern uns bereits viel früher begegnet, und daß sich allenfalls in den Deutungen etwas aus spezifisch islamischer Schrift- und Rechtsauslegung findet. Schon im Alten Orient gingen verheiratete Frauen »nicht ohne Kopfbedeckung auf die Straße. Vielerlei Texten und Urkunden ist zu entnehmen, daß als Zeichen der Eheschließung in Babylonien eine vor Zeugen vorgenommene ›Bedeckung‹ des Hauptes ausreichte. Ehefrauen konnten verstoßen werden, wenn sie das Haus ohne Haube verließen. Das Kleid sollte ›die Jungfrau, die noch keinem gehört hat‹, von der Frau, die bereits ›Eigentum eines Mannes war‹ unterscheiden. Deshalb wurde beispielsweise in Mesopotamien eine Jungfrau, die das Kopftuch trug, das der Frau vorbehalten war, schwer bestraft« (Vardiman, 1977, S. 342). Nach einem altassyrischen Rechtsbuch müssen verheiratete Frauen und Witwen beim Aufenthalt auf freien Plätzen den Kopf verschleiern, der Kopf der »Eingeschlossenen« — wohl der Haremsfrau —, der Sklavin und der Dirne hingegen soll »offen« sein. Im alten Israel hingegen ist es gerade die Dirne, die verschleiert sein muß. Deshalb verkleidet sich Thamar als Dirne, indem sie ihr Gesicht verhüllt, um ihren Schwiegervater Juda zum Erzeuger von Nachkommen zu gewinnen (Gen. 38, 14-19), und deshalb weben die Hierodulen in den Bordellen im Tempelbezirk von Jerusalem, die König Josia niederreißen läßt, die Schleier der Liebesgöttin Astarte (2. Kön. 23,7). Ein anderer Gegensatz: In manchen alten Mythen hat Verschleierung etwas mit Unterwelt und Tod, Entschleierung etwas mit Licht und Leben zu tun — in anderen Mythen ist es umgekehrt.

Wichtig ist, daß, wie jederzeit die Be-Deutungen wechseln können, so im Laufe der Zeit auch die Namen sich ändern — nicht nur bei Herrschafts- und Sprachwechsel, sondern auch innerhalb desselben Volkes —, während sich Form und Anordnung des Tuches über sehr lange Zeit unverändert halten. Gelegentlich läßt sich das sogar archäologisch belegen. Frauen trugen in Mossul und seiner Umgebung bis in die dreißiger Jahre einen Schleier aus schwarzem Pferdehaar, rechts und links von einem weißen Band eingefaßt, mit Stirnband am Hinterkopf geknotet, an den Enden in Troddeln oder Silbergehänge auslaufend, und einen Schleier so übereinstimmend, wie man ihn dreitausend Jahre früher in Stein eben meißeln konnte, trägt eine weibliche Plastik, die bei den Ausgrabungen im nicht weit davon zwischen Mossul und Aleppo gelegenen Tell Halaf gefunden wurde (A. Jeremias, 1932). In diesem Fall ist der alte Name nicht mehr bekannt, und die alte Bedeutung ist nicht mehr erkennbar, wohl aber das Alter der Sitte. Dies lehrt uns, bei den Kopfbekleidungen der Gegenwart nur mit einem höheren Alter der beschriebenen Bekleidungsarten zu rechnen, aber die daran heute haftenden Bezeichnungen nicht als immer dazugehörig gleichermaßen zurückzudatieren. Es ist wie bei uns: Wir sprechen von Haube, Schute, Kappe, Mütze, Hut, Gugel, Kapuze, Calotte, Barett und anderem, nicht nur bei gegenwärtigen, sondern auch bei alten Kopfbedeckungen, aber diese hatten in ihrer Zeit oft andere Namen, oder ein Name ist auf ein anderes Stück übergegangen (L. Kybalová u. a., 1966, S. 379-425).

Im arabischen Raum haben wir heute die *Kafiyyeh*, die bereits erwähnt wurde; den *Hidschab*, der sowohl ein Vorhang zur Trennung von Frauen- und Männergemächern, eine Art Schirm- oder »spanische« Wand als auch ein Kopfschleier sein kann; wir haben den *Qina*, den Kopfumhang der Beduinen, der das Gesicht frei läßt und schon in der altarabischen Dichtung als Instrument der Koketterie figuriert (dann soviel wie »Maske«); den *Dschilbab*, einen Überwurf, den man wie ein Hemd oder einen Mantel um den ganzen Körper, wie einen Schal um den Hals oder wie einen »Schleier« — aber was besagt das jetzt? — um den Kopf legen kann; den *Chimar*, eine Art Allzwecktuch, mit dem die Frau gern Brust und Kinn, wenn sie will, auch das Gesicht bedeckt. Spezielle Gesichtsschleier, wie wir sie uns vorstellen, wenn wir im Zusammenhang mit »dem Orient« von »dem Schleier« hören, sind der *Niqab*, auch *Miqna'* genannt, und der *Burqu*, der lange Frauenschleier, der die Augen freiläßt.

In der Türkei gibt es vor allem das uns am besten bekannte anatolische Kopftuch, *Örtü* (auch »Decke«) genannt. Durch die gehäkelten Zierspitzen, die sie daran anbringen, die *Oyas*, können die Frauen verschiedenste Gefühle und Mitteilungen verschlüsseln (vgl. H. Deligöz, 1985). Früher trugen die Frauen auf der Straße auch den *Petsche,* den schwarzen Gesichtsschleier, oft zum *Tscharschaf*, dem überwurfartigen, meist schwarzen Straßenkleid. Noch früher hatten die Türken von den Arabern den *Niqab* (dann *Nikap* geschrieben) und den *Hidschab (Hicap)* übernommen.

In Iran benutzen die Frauen nahezu ausschließlich den *Tschador* — das persische Wort kann auch »Zelt«, »Schärpe«, »Laken« und anderes bedeuten —, ein bis auf die Beine herabhängendes Umhängetuch, das von hinten über den Kopf gezogen getragen wird und von der Seite auch vor den Mund gezogen werden kann. Der Tschador ist, wie schon vorhin gesagt, gegen Hitze und Staub außerordentlich praktisch und wird außerdem von armen Frauen gern getragen, weil er den Unterschied zu den besser gestellten Damen unkenntlich macht. Während der iranischen Revolution trugen ihn alle Frauen, auch die westlich emanzipierten, die es bis dahin nicht getan hatten, als Zeichen des Protestes gegen die als Fremdherrschaft empfundene Diktatur des Schah und zugleich als Symbol der Verwurzelung in eigener Kultur, während heute — man sieht den Wechsel der Be-Deutungen hier besonders klar — schon wieder die Zweitrangigkeit der Frau darin zum Ausdruck kommt.

In Afghanistan wird der glocken- oder röhrenförmige *Tschadari* getragen, auch als ein ringsum an ein Käppchen angenähtes, den ganzen Körper ohne Spalt oder Öffnung bedeckendes Gewebe zu beschreiben. Er hat in Augenhöhe ein etwas durchsichtiger gewebtes Gitter, damit die Frau wenigstens den Baum sieht, gegen den sie nicht rennen soll, das aber immer noch dicht genug ist, um das Incognito des Gesichtes, das dahinter steckt, zu wahren. Er ist das einzige Kleidungsstück seiner Art, das ich als ganz und gar unmenschlich empfinde. Woher diese Sonderform stammt, konnte ich nicht ermitteln.

Mohammed und Paulus zum »Schleier«

Ich habe eben unter anderem acht arabische Wörter für Tücher oder gewebte Stoffe genannt, die man in irgendeiner Form als Kopftuch oder Schleier verstehen kann. Drei dieser Wörter gebraucht auch Mohammed im Koran. Er muß damit als Mann seiner Zeit verstanden werden, wie mit so vielem anderen auch. Er denkt sich also nicht etwas ganz Neues aus, sondern knüpft an bestehende Sitten an und übernimmt oder modifiziert sie. Ob die drei Wörter dieselben Kopfbekleidungsstücke bezeichnet haben wie heute, wissen wir nicht genau. Die Frage, was denn der Koran zum »Kopftuch« und zum »Schleier« sagt, ist deshalb so gar nicht zu beantworten.

Der *Hidschab* ist der Vorhang, hinter dem sich Maria vor ihren Angehörigen verbirgt, als der Geist Gottes ihr die Geburt Jesu ankündigt (Sure 19,16); es ist überhaupt die Scheidewand, hinter welcher Gott mit dem Menschen spricht (Sure 42,51). Doch auch der Vorhang im Hause des Propheten, hinter den die Gläubigen treten müssen, um seine Gattinnen um etwas zu bitten, ist ein *Hidschab* (Sure 33,53). Für die Gattinnen und Töchter des Propheten und der Gläubigen gilt ferner die Anweisung, etwas von ihrem *Dschilbab* über den Kopf herunterzuziehen, wenn sie auf die Straße gehen (Sure 33,59); im Hause sollen sie sich nicht herausputzen, wie man das früher im Heidentum zu tun pflegte (Sure 33,32 f.). Ähnliches gilt für alte Frauen (Sure 24,60). Vom *Chimar* wird gesagt, sie sollen ihn über den Halsausschnitt des Kleides herunterziehen; das liegt auf derselben Linie wie, daß sie ihren Schmuck nur ihren männlichen und weiblichen Verwandten und ihren Sklavinnen zeigen sollen (Sure 24,31). (Für sich selbst kennt Mohammed noch ein weiteres Stück: Er deckt sich beim Offenbarungsempfang mit einem *Dithar* zu, er ist ein *mudathir* [Sure 74,1]).

Diese wenigen Aussagen bekommen allerdings ihren weiteren Sinn erst im Zusammenhang dessen, was Mohammed sonst noch über Frau, Haus, Ehe, Kindererziehung und Sklaven sagt. Das ist sehr viel und läßt sich nicht in wenigen Sätzen zusammenfassen, zumal es aus verschiedenen Zeiten und Situationen seines Lebens stammt und jetzt recht widersprüchlich dasteht. Für die Bekleidung der Frau läßt sich als Grundgedanke daraus festhalten, daß sie Zucht und Scham wahren, auffälligen Putz und Schmuck meiden soll — beides im Hinblick auf den Mann. Obwohl für diesen analoge Ermahnungen gelten, muß man doch sagen, daß letztlich seine Warte es ist, von der aus im Koran die Maßstäbe gesetzt werden. Aber es ist keine »Theologie des Kleides« oder dergleichen damit verbunden.

Freilich hat auch die koranische Ethik, ebensowenig wie jede andere, das Abrutschen in Begründungen verhindern können, die sich vom Koran recht weit entfernen. Erst als der Islam auch zu einer städtischen Zivilisationsform geworden ist, entwickeln sich, zum Teil aus den lokalen Traditionen, von denen wir einige kennengelernt haben, verschiedene Schleierformen (Näheres bei W. Walther, 1980). Manche davon gehören einfach in das Gebiet der Mode und der Eleganz und fallen aus der moralischen Kasuistik ganz heraus. Manche aber werden bedacht, gedeutet, begründet, und dies wieder in verschiedenem Sinne. Wenn etwa immer wieder hervorgehoben wird, wie »der Schleier« die Frau vor der Begehrlichkeit des Mannes schützt, so steht ein Bild vom Manne dahinter, das wesentlich negativer ist als das von der Frau — so als sei der Mann ein von Gott ausweglos zur Frauenjagd bestimmtes Triebwesen, das sich wegen gar nichts schämt. Doch gehört auch ein solches Männerbild zu einer Männergesellschaft, die sich ihrer selbst als einer solchen nicht bewußt ist. Erst recht gilt das für die Einschätzung der Frau als einem Wesen, das minderwertiger ist als der Mann. Davon sind auch bestimmte Kopfbedeckungs- und Schleierformen betroffen: In die Legitimationen, die ihnen in der Koranauslegung gegeben werden, können sich ausgesprochen frauenfeindliche Deutungen einschleichen; denn darauf läuft es hinaus, wenn die Wegschließung der Frau im Hause, als sei sie ein vor Diebeszugriff zu sichernder dinglicher Besitz, oder ihre erzwungene Passivität im Gottesdienst durch räumliche Separierung in der Moschee gleichsam durch Verschleierung in die Öffentlichkeit hinein fortgesetzt wird (Näheres bei S. Enderwitz, 1983). So wird es verständlich, daß namentlich die ägyptisch-islamische Frauenemanzipation ihre Ziele gemeinverständlich unter die Devise »Zerreißt den Schleier« stellen konnte (vgl. zuletzt Nawal el-Saadawi, 1980).

Aber an Kopftuch und Schleier als solchen haftet die Frauenunterdrückung nicht. Wir müssen islamische Frauen die Freiheit zubilligen, auch Deutungen zu vertreten — und koranisch zu begründen —, in denen ihre Eigenart und ihr vom männlichen gerade unterschiedenes Selbstbewußtsein zum Ausdruck kommt. Kulturgeschichtliche Einwände sind hier völlig fehl am Platze, denn man trifft Entscheidungen nicht auf Grund von Tradition, sondern legitimiert sie allenfalls nachträglich damit. Aber auch exegetische Einwände gegen die Art der Koranauslegung sind dumme Besserwisserei, welche nicht berücksichtigt, daß ein Schriftprinzip immer nur der skrupulösen Kontrolle von Gedanken und Handlungen, aber niemals deren absoluter Determination dient. Wir Christen nehmen uns im Umgang mit unserer Tradition und mit der Bibel noch ganz andere Freiheiten heraus.

Erinnern wir uns doch, daß die Sitte, irgendwie »das Haupt zu verhüllen«, auch in christlicher Kultur stets bestand und noch besteht. Woher auch immer sie kam und welchen Sinn sie ursprünglich hatte — das kann außerdem in den einzelnen Ländern und Landschaften ganz verschieden gewesen sein —, diese Sitte ist oftmals auch ausdrücklich begründet oder gedeutet worden, sogar theologisch. Das wichtigste Zeugnis findet sich schon ganz früh, im Neuen Testament. Kein Geringerer als der Apostel Paulus äußert sich darüber, und zwar in seinem ersten Brief an die Korinther. Das mutet uns in seiner Argumentationsweise gewiß ebenso fremdartig an wie das, was wir aus dem Koran gehört haben. Es heißt dort (11, 3-16):

»Ich wünsche, daß ihr folgendes wißt: Jedes Mannes Haupt ist Christus, das Haupt der Frau aber ist der (= ihr) Mann, das Haupt Christi aber ist Gott. Jeder Mann, der betet oder prophetisch redet und dabei etwas auf dem Kopf (oder: etwas vom Kopf herabhängen) hat, der schändet (deshalb) seinen Kopf. Jede Frau hingegen schändet ihren Kopf, wenn sie mit unverhülltem Kopf betet oder prophetisch redet. Denn (dann) ist sie ein und dasselbe wie eine Kahlgeschorene. Wenn sich nämlich eine Frau nicht verhüllt, dann soll sie sich (doch gleich das Haar) scheren lassen. Ist es aber (genauso) schandbar für die Frau, sich kurz oder ganz kahl scheren zu lassen, dann muß sie (nicht nur ihr Haar lang tragen, sondern) sich (auch) verhüllen. Zwar darf der Mann seinen Kopf nicht verhüllen, denn er ist Abbild und Abglanz Gottes; die Frau aber (muß es tun, denn sie) ist Abglanz des Mannes. Es stammt ja (ursprünglich) nicht der Mann aus der Frau, sondern die Frau aus dem Manne. Ist doch auch der Mann nicht um der Frau willen, sondern die Frau um des Mannes willen geschaffen. (Auch) darum (übrigens) muß die Frau etwas auf dem Kopfe tragen: als schützende Macht wegen der Engel.

Im Herrn jedoch ist weder die Frau ohne den Mann noch der Mann ohne die Frau. Denn so wie die Frau (ursprünglich) vom Mann (abstammt), so (kommt dann ja auch) der Mann (zur Welt) durch die Frau. Alles zusammen aber kommt von Gott.

Urteilt nun selbst: Gehört es sich wohl, daß die Frau unverhüllt zu Gott betet? Lehrt euch nicht schon die Natur selbst, daß es für den Mann eine Schande ist, wenn er sein Haar lang wachsen läßt, für die Frau aber etwas Prächtiges, wenn sie ihr Haar lang trägt? Denn das lange Haar ist ihr zur Umhüllung gegeben. Doch wenn jemand meint, darüber streiten zu sollen — wir haben solch eine (andere) Sitte (wie er sie wohl vertreten möchte, jedenfalls) nicht. Und die Gemeinden Gottes (haben sie) auch nicht.«

Auch Paulus erweist sich in diesen merkwürdigen Worten ganz als Kind seiner Zeit und seiner engeren Heimat. Der Frauenschleier war zwar in Griechenland, wohin er schreibt, nicht unbekannt; er wurde bei Brautwerbung und Hochzeit, bei Trauer und bei der Verehrung von Unterweltsgottheiten getragen. Aber von einer verbindlichen Sitte, den Schleier immer und überall zu tragen, konnte keine Rede sein. Genau diese Sitte aber war Paulus gewohnt, und zwar sowohl als Orientale als auch insbesondere als Jude. Als Mann aus Tarsus, einer Stadt, die rund tausend Jahre nach ihm türkisch wurde, entstammte er einer Region, in der die Sitte schon allgemein galt. Man kann sagen: Je weiter man von Griechenland nach Osten ging, desto strenger wurde sie; den Juden war der Schleier ein Symbol der Scham der Frau, die den Heidinnen abging. Daß die neu bekehrten Christinnen in Korinth sich nicht verschleierten, befremdet den Paulus, und daß sie es nicht einmal im Gottesdienst tun, ist ihm vollends unerträglich. So untermauert er seine Mahnung mit einer eigenen christologischen Deutung von schwerstem Gewicht und umgibt sie mit einer naturrechtlichen und einer halb mythologischen Argumentation; denn um letzteres handelt es sich wohl, wenn er sagt: »wegen der Engel« — es sind die Wesen um Gottes Thron, vor deren Lichtglanz und Strahlenfülle die Frau sich schützen muß. Viel scheint sich geändert zu haben, seit ein Mann, nämlich Moses, aus demselben Grunde vor dem brennenden Dornbusch auf dem Berge Horeb, aus welchem Gott zu ihm sprach, sein Gesicht verhüllen mußte (2. Mos. 3,6). Paulus hat sich nicht durchgesetzt, schon in der Alten Kirche nicht. Heute nimmt man sich in den allermeisten Gesellschaften erst recht die Freiheit, ihm nicht zu folgen. Aber die Herrnhuterin, die speziell zum Kirchgang eine Haube aufsetzt, und die Italienerin, die wenigstens ein Taschentuch auf den Kopf legt, wenn sie ein Kirchengebäude betritt, befolgen noch heute seine Worte (A. Oepke, 1938). Sie stehen mit der Frage: »Kopftuch ja oder nein?« in einer ähnlichen Auseinandersetzung wie die Türkinnen bei uns.

Das Kopftuch — ein Wahrzeichen

Kehren wir zu unserer Eingangsüberlegung zurück. Eine mir bekannte ältere Dame, eine Berlinerin, hat Zeit ihres Lebens nie einen Hut, sondern immer ein Kopftuch getragen, weil ihr das besser stand. Ihr wurde unlängst von Freunden gesagt: »Mit einem Kopftuch kann man doch in Berlin nicht mehr gehen« — es verstand sich im Gang der Unterhaltung von selbst, weswegen: nämlich wegen der Türkinnen. Das ist ein Alarmzeichen. Hier wird ein Stück aus dem Brauchtum, das seinen Trägern lieb ist, zu einem Kennzeichen mit abträglicher Bedeutung, zu einem Negativsymbol stilisiert. Das erinnert mich wirklich an das, was wir früher bei den Juden mit dem Davidstern gemacht haben, wenn es auch noch nicht so weit gekommen ist, daß die Türken unsere Ablehnung zu ihrer eigenen gemacht haben, sondern auf ihr Kopftuch stolz sind, während die meisten — nicht alle — Juden im Dritten Reich die ihnen aufgezwungene Pervertierung ihres alten Symbols schrecklicherweise auch noch verinnerlichten und damit ihren eigenen Stern als Diskriminierung empfanden. Aber an dem Punkt, an welchem Dummheit und Vorurteile gefährlich werden können, sind wir vielleicht auch heute schon wieder.

Dabei könnte alles so einfach sein. Die Türkinnen diskutieren selbst untereinander, was das Kopftuch bedeuten kann: ob Rückständigkeit, Verzicht auf Selbstbehauptung, geistige und persönliche Abhängigkeit von fremden und überholten Vorschriften oder weibliche Würde, Sichtbarmachung einer bewußten Besonderheit, wie sie jedem von uns auf seine Art wichtig ist, schließlich Verbundenheit mit der heimatlichen Kultur. Bringen wir dies in das bißchen Aufklärung mit ein, die wir hier versucht haben — und nicht nur in diese, sondern auch in unser Gefühl. Denn das Gefühl wird doch bereichert, wenn wir im Kleide den Menschen aus einer anderen Kultur als Person erkennen, und wenn wir gleichzeitig an Dinge aus unserer eigenen Kultur erinnert werden, die wir selbst nicht mehr richtig verstehen oder ganz vergessen haben.

Literatur

Für wichtige Hinweise danke ich Frau Renate Striemer, Berlin.

Boucher, François: *Histoire du costume en Occident de l'antiquité à nos jours*, Paris 1965

Deligöz, Hatice Güler: *Dein Lachen soll zu Perlen werden — Gül ki inciler dökülsün*. Oyas aus der Türkei = Textprospekt zur Ausstellung im Rahmen der »Woche der ausländischen Mitbürger« (5. 10. bis 3. 11. 1985) in der Galerie im Saalbau, Karl-Marx-Str. 172, Berlin 44 (veranstaltet von »Hilfe für ausländische Frauen und Kinder e. V.« und »Türkisch-deutscher Frauenverein e. V.«)

Enderwitz, Susanne: Der Schleier im Islam — Ausdruck von Identität?, in: Christoph Elsas (Hrsg.), *Identität. Veränderungen kultureller Eigenarten im Zusammenleben von Türken und Deutschen*, Rissen — Hamburg 1983, S. 143-173

Gehlen, Arnold: *Der Mensch. Seine Natur und seine Stellung in der Welt*, Bonn 1950

Ders.: *Urmensch und Spätkultur*, 2. Aufl. Frankfurt/M. — Bonn 1964

Jeremias, Alfred: Der Schleier von Sumer bis heute, in: *Der Alte Orient*, Heft 31, Leipzig 1932

Kiener, Franz: *Kleidung, Mode und Mensch. Versuch einer psychologischen Deutung*, München — Basel 1956

Könneker, Marie-Luise (Hrsg.): *Haarproben. Bilder und Texte*, Darmstadt — Neuwied 1983

Küng, Hans / Josef van Ess / Heinrich von Stietencron / Heinz Bechert: *Christentum und Weltreligionen. Hinführung zum Dialog mit Islam, Hinduismus und Buddhismus*, München — Zürich 1984

Kybalová, Ludmilla / Olga Herbenová / Milena Lamarová: *Das große Bilderlexikon der Mode vom Altertum zur Gegenwart*, Prag 1966

Oepke, Albrecht: Artikel »kalymma«, »kalypto« (= Verhüllung, verhüllen), in: *Theologisches Wörterbuch zum Neuen Testament*, Bd. 3, Stuttgart 1938, S. 560-565

Rabbow, Arnold: *dtv-Lexikon politischer Symbole A — Z*, München 1970

El-Saadawi, Nawal: Gegen die Verschleierung des Geistes, in: *die tageszeitung*, Berlin 2. Oktober 1985, S. 1 und 10 (Interview mit Eva Quistorp)

Ders.: *Tschador. Frauen im Islam*, deutsch von E. Peinelt und S. Taufiq, Bremen 1980

Vardiman, E. E.: *Nomaden. Schöpfer einer neuen Kultur im Vorderen Orient*, Wien — Düsseldorf 1977

Walther, Wiebke: *Die Frau im Islam*, Leipzig und Stuttgart 1980

Historische und religiös-politische Konfliktpositionen im sogenannten Golfkrieg

Fragestellungen und Perspektiven

1. Eindrücke, die der Krieg machte, und einige mögliche Reaktionen

Jahrelang hörten, lasen und sprachen wir ein neues Wort: »Der Golfkrieg«. Was dahinter stand, schien nichts Besonderes zu sein. Die Bilder von fahrenden Panzern, explodierenden Granaten, rauchenden Häusern und verkohlten Leichen, die uns das Fernsehen ab und an aus der sogenannten Golfregion in das Wohnzimmer strahlte, glichen zu sehr den Bildern aus vielen anderen Regionen der Welt, die dasselbe zeigten. Der sogenannte Golfkrieg hat uns bis in seine letzten Tage mehr in Ruhe gelassen als andere Kriege und Bürgerkriege — es waren (so nimmt es unser ökumenisch blindes Auge jedenfalls wahr) keine Mitchristen beteiligt wie in Chile und Südafrika, keine Linken wie einst in Vietnam oder heute in Nicaragua, keine Miliz- und Falangechristen wie im Libanon, keine Juden wie dort und in Palästina. Die iranische Revolution, so mag es mancher Schah-Gegner von damals insgeheim empfinden, bekam heimgezahlt, daß sie ihn enttäuscht hatte, und ein anderes orientalisches Land, das uns erst recht nichts angeht, besorgte dieses Geschäft. Noch etwas weiter als »hinten, weit, in der Türkei« schlugen »die Völker aufeinander«, und wenn auch der Bürger von heute wohl etwas »Besseres weiß . . . an Sonn- und Feiertagen als ein Gespräch von Krieg und Kriegsgeschrei« dort unten, als es dem Bürger in Goethes Osterspaziergang vergönnt war (Faust I, Frankfurt/M. 1965, Bd. 3, S. 30), so brauchte doch wenigstens keinerlei Zweifel an seiner gesunden, wohltuenden Entrüstung zu fressen, wenn wieder einmal herauskam, daß der amerikanische Freund ganz gegen die offizielle Doktrin der einen Partei (der iranischen), daß der französische Nachbar der anderen Partei (der irakischen), oder daß ein ehrenwertes, für viele kulturelle Zwecke Steuern zahlendes Industriekonsortium an beide Parteien Waffen geliefert hatte. Der sogenannte Golfkrieg war und ist für alles gut: zum Vergessen und zum Wiedererinnern, zur militärischen und zur moralischen Aufrüstung, zum Protest gegen beide Parteien und deren Hintermänner. Nur, verbessert haben wir damit nichts.

Wir haben aber noch eine andere Möglichkeit: die der *historischen Bewußtmachung* mit Hilfe dessen, was wir in der Schule gelernt haben oder was wir in kulturgeschichtlichen Sachbüchern gerne lesen. Unsere bürgerliche Bildung birgt tatsächlich ein Potential, das sich nutzen läßt, um heute etwas in Ordnung bringen zu helfen. Insofern diese unsere Bildung geschichtsorientiert ist — sie reicht meistens nur nicht weit genug zurück —, geht sie sogar mit dem Traditionsbewußtsein der betroffenen Völker konform: In ihnen fühlt sich auch der Einfachste, und nicht nur wer Bildungsprivilegien genießen durfte, kenntnisreich und mit tiefer Überzeugung in einer großen, maßgebenden Vergangenheit verwurzelt (im Süden zum Beispiel die Araber der iranischen Ölprovinz Chuzistan in der Geschichte des alten Elam, im Norden die Kurden des ölreichen Sindschar-Gebietes zwischen Mossul, der irakischen Grenze zu Syrien und der Türkei in der Geschichte des alten Medien, dazwischenliegend eine ganze Reihe anderer Völker in weiteren Geschichten).

2. Von den Ursachen für den Ausbruch des Krieges zu den Gründen für seine Dauer

Die sogenannte Kriegsursachenforschung greift nur selten so weit zurück. Was sie herausgefunden hat, ist dennoch kompliziert und kann hier nur angedeutet werden. Drei beispielhafte Punkte seien genannt:

Grenzstreitigkeiten gibt es seit dem 17. Jahrhundert, als über Iran noch die Dynastie der Safawiden herrschte und Irak zum Osmanischen Reich gehörte. Der Vertrag vom Juli 1937 über das südlichste Stück der Grenze am Schatt-el-Arab schuf keine Klarheit, weil nach internationalem Gewohnheitsrecht bei Flüssen die sogenannte Talweglinie, das heißt die unter der Flußmitte sich hinziehende Verbindung zwischen den tiefsten Stellen, die Grenze hätte bilden müssen, während man es in Wirklichkeit nur an drei jeweils sieben Kilometer langen Stükken so hielt; auf der übrigen langen Strecke galt die Niedrigwasserlinie am Ostufer des Flusses als Staatsgrenze, so daß Iran gezwungen war, seine Exporte durch irakisches Hoheitsgebiet zu leiten. Das führte zu dauernden Reibereien im Kleinen, die sich irgendwann im Großen entladen mußten.

Nach dem Sturz des Schah (Februar 1979) erlebte Iran einen politischen Aufbruch. Irak hingegen wollte die Führung unter den arabischen Staaten, die Ägypten nach dem Vertrag von Camp David mit Israel (September 1978) eingebüßt hatte, übernehmen, in eins damit die Rivalität zur mit ihm verwandt-verfeindeten Baath-Regierung in Syrien beenden und seinen regionalen Hegemonieanspruch auch gegen die Kurden endgültig durchsetzen. So mußten Iran und Irak aufeinanderprallen.

Beide Länder gerieten nach dem Zweiten Weltkrieg in Ketten von inneren Schwierigkeiten, und in solchen Fällen soll sich schon immer ein äußerer Konflikt bewährt haben, um im Innern Solidarität zu erzwingen.

Das alles und noch viel mehr ist richtig. Aber während in andern Kriegen solche Ursachen, wenn auch immer viel zu spät und das voraufgegangene Blutvergießen als überflüssig erweisend, beseitigt werden konnten, will das diesmal nicht gelingen. Deshalb muß auch der Nichtpolitiker und der in Politikwissenschaft, Kriegs- und Friedensforschung Inkompetente einmal versuchen dürfen, tiefere Gründe dafür von seinem Fachgebiet aus aufzufinden.

Bevor wir anfangen, lehrt uns schon die erste, vorläufige Erwähnung betroffener Völker, daß wir unseren Wortgebrauch berichtigen müssen. Die Bezeichnung »Golfkrieg« ist eine verkleinernde und zugleich interessenverschiebende Inanspruchnahme, wahrscheinlich sogar eine gesteuerte. Sie will uns suggerieren, das Wesentliche des Krieges habe sich auf dem persischen oder arabischen Golf abgespielt, da, wo immer wieder Tanker bombardiert wurden, die uns das Öl bringen sollten, und wohin unsere bedeutenden Politstrategen Kriegsschiffe kommandierten, um zwei Dinge zu tun, die dasselbe sind: die Öltanker zu schützen und die westliche Freiheit zu verteidigen. In Wirklichkeit ist es nur berechtigt, vom Golf im Zusammenhang mit dem ganzen Kriege, wie von anderen Regionen auch, gesondert zu reden, weil auch dort Menschen starben. Der Krieg spielte sich auch nicht auf den 120 km des Schatt-el-Arab ab, die man noch zur

Golfregion rechnen kann. Er erstreckte sich zehnmal so weit, über eine Länge von 1200 km, eben von den genannten khuzistanischen Arabern und ihren Sprachverwandten auf der anderen Seite über eine ganze Reihe iranischer Völkerschaften im Zagrosgebirge bis zu den Kurden auf Territorien, die näher am Schwarzen Meer liegen als am Persischen Golf.

Wir wollen nun die Geschichten der betroffenen Völker befragen, was sie an Gründen für den Krieg, seine Dauer und seine beispiellose Grundsätzlichkeit enthalten. Wen es zu mühsam oder überflüssig dünkt, der sei getröstet, daß wir uns nicht lange dabei aufhalten werden, oder er folge Thomas Manns Ermunterung zum Auftakt der Josephsromane: »Hinab denn und nicht gezagt! Geht es etwa ohne Halt in des Bodens Ursprünglichkeit? Durchaus nicht! Nicht viel tiefer als dreitausend Jahre tief — und was ist das im Vergleich mit dem Bodenlosen?« (Joseph und seine Brüder, Bd. 1, Stockholm 1959, 54).

Abfolge und Weiterleben von sechs umfassenden und zwei partiellen ideologischen Positionen, die vieles erklären

Von dem frühen Anfang aus, den wir machen müssen, brauchen wir uns nur durch insgesamt acht Grundgedanken leiten zu lassen. Sie sind in der Weltgeschichte nacheinander aufgekommen und sorgen von selbst dafür, daß wir uns in ihr nicht verlieren. Sie sind geschichtsmächtig geblieben bis heute, und was das wichtigste ist: Sie sind es nicht nur dort unten, »weit hinter der Türkei«, sie sind es auch bei uns. Denn die Geschichte des sogenannten Abendlandes und des sogenannten Morgenlandes ist eine gemeinsame.

1. Der Weltherrschaftsgedanke

Sogar das Territorium, auf dem sich der Krieg abspielte, ist uns vertraut: In seiner Mitte liegt eine Wiege der sogenannten Hochkultur, ein Gebiet, über das wir uns Bücher mit dem Titel »The Greatness that was Babylon« und ähnliche sowie herrliche archäologische Bildbände zu Weihnachten schenken. Zu den kulturellen Errungenschaften, deren wir uns von Zeit zu Zeit gern erinnern, gehören nicht nur die Astronomie, die Kreisteilung in 360 Grade, die Zwölf-Stunden-Einteilung des Tages, das ganze Maßwesen und seine Normierung, ergötzende Erfindungen in der Musik und für den Küchenzettel und, vor allem, der Gedanke des Schreibens — sondern auch eine große Idee: der Weltherrschaftsgedanke. Er ist tatsächlich in jenem Gebiet zuerst gefaßt worden, und zwar, soweit bisher ersichtlich, nur dort und nirgends sonst. Viele Völker haben sich zwar als Mitte der Welt verstanden, doch das enthielt nur den Anspruch, daß man sich auf sie hin orientiere, aber keine Begründung für kriegerische Expansion.

Bei dem ersten König, wo dieser Gedanke auftaucht, dem Akkader Sargon (um 2350 v. Chr.), wirkt es von heute aus noch fast skurril, wenn er von einem seiner Feldzüge sagt, er sei »in das Land des Sonnenunterganges bis an sein Ende« gegangen, und wenn er sich »König der vier Weltgegenden« nennt, wo er doch nur ein Reich zusammengebracht hatte, das nicht größer war als etwa die Bundesrepublik Deutschland. Unter mehreren babylonischen Herrschern, die es ihm im 18. und 17. Jahrhundert nachgetan haben, erreicht die Fläche aber schon ungefähr die Größe des heutigen Irak, und assyrische Könige vom 9. bis zum 7. Jahrhundert bringen es schon zu so etwas wie einem Weltreich (da gehören das heutige Anatolien, Syrien, Libanon, Palästina, Ägypten mit dazu).

Die große Frühzeit der Großreiche wurde schon im Altertum von Babyloniern und Assyrern selbst heroisiert. Es bildeten sich verklärende Legenden, aber auch weisheitlich-kritische Betrachtungen über die Hybris der Herrscher; man würde gern wissen, auf welchen politischen Gegebenheiten die Gegenbilder basierten, die hinter solcher Kritik standen. Es ist bezeichnend, daß heute die heroische Größe des Anfangs, unerachtet der ganz anderen Bevölkerung, für Großmachtideologie wieder in Anspruch genommen werden kann; so hat ein altorientalistischer Kollege in Bagdad von der Regierung den Auftrag erhalten, die Vergangenheit entsprechend aufzuarbeiten und ihr Begründungen für irakische Gegenwartspolitik abzugewinnen.

Wäre am Krieg nur Infanterie beteiligt, wären sogar die alten strategischen Muster wiederzuerkennen: Damals wie heute kann man im Gebiet östlich des Tigris am besten kämpfen, weil dort am wenigsten Kanäle die militärischen Aufmärsche stören, und in Elam, das die Iraner Chuzistan und die Iraker Arabistan nennen, können sich immer noch mit derselben Taktik Soldaten aus den Ebenen ins Hochland zurückziehen und wieder daraus hervorbrechen.

Das letztere geschah häufig am Südostrand Assyriens. Dort und weiter nördlich bildeten sich andere, auch recht große Reiche: das der Elamer (die vielleicht mit den vorarischen Bewohnern des indischen Subkontinents verwandt waren), seit Mitte des 9. Jahrhunderts immer Feind der Assyrer und von diesen hundert Jahre später (639) politisch entmachtet, und die beiden von iranischen Einwanderern gegründeten Reiche der Meder und der Perser. Das letztere hat den Weltherrschaftsgedanken und auch die reale Weltherrschaft übernommen: König Kyros II. (559-529) verleibt der Herrschaft seiner Sippe, der Achaemeniden, alles ein, was wir bis eben kennengelernt haben, und übernimmt aus jedem Gebiet die Hauptstadt als seine eigene: das ehemalige Assyrerreich, nunmehr unter einer neubabylonischen Dynastie von Babylon aus regiert; das Mederreich mit der Zentrale Ekbatana, die im heutigen iranischen Hamadan weiterlebt; und das Reich Elam mit der Hauptstadt Susa, heute als Schuschtar oft in den Zeitungen. Als vierte Hauptstadt kommt die Residenz des Stammlandes der Perser hinzu, Pasargadae südlich des späteren Schiraz, heute eine archäologisch interessante Ruinenstätte. Das Weltreich wird sich eine Generation später östlich weit über die Einzugsgebiete der vier Hauptstädte hinaus erstrecken, bis an Indien heran und bis weit nach Zentralasien hinein.

Machen wir uns klar, daß damit einer der heutigen Kontrahenten bereits auf dem Plane ist: Iran. Es wird sich zwar von damals bis heute noch so viel ändern, daß man nicht berechtigt ist, sich auch nur durch die eingebürgerte Benutzung des gleichen Staats- und Landesnamens irgendeine politische Kontinuität zu suggerieren. Betrachtet man aber die Dinge unter dem — allerdings für sich genommen ebenfalls problematischen — politgeographischen Gesichtspunkt, dann ist es vielleicht nicht ohne Belang, daß heute die Nachfolgerin der einzigen nicht auf iranischem Territorium gelegenen Hauptstadt, das hundert Kilometer nördlich von Babylon gelegene Bagdad, unbedingt mit militärischer Gewalt erobert (oder darf man im Hinblick auf seine Babylon einschließende Umgebung sagen: zurückerobert?) werden sollte; zweitens, daß das damals von den Persern zwar eroberte, aber nie richtig iranisierte Elam mit seiner Erbfeindschaft gegen den westlichen Nachbarn und auch sonst bis heute eine Sonderrolle spielte. (Im vierten Jahrhundert nach Christus gestattete ein Sassanidenkönig einigen Araberstämmen neben den Alteinwohnern, den Chuz, dort die Ansiedlung, die heute noch besteht.)

Aber bis wir alles dieses mit unseren Augen sehen können, spielt sich noch vieles ab, was teils in der westlichen Mittelmeerwelt und im christlichen Abendland, teils abermals für Iran von Bedeutung sein wird. Das Achaemenidenreich wird in seiner ganzen Größe von den Mazedoniern und Griechen unter Alexander dem Großen von 334 bis 324 v. Chr. erobert. Die Gegensätze der dazugehörigen Völker untereinander sollten verschwinden und taten es zum Teil wohl auch — über die alltägliche Verwirklichung ideologischer Konzepte im Altertum wissen wir ja kaum etwas —, aber der Weltherrschaftsgedanke wird bestätigt. Er breitet sich sogar abermals aus und erbt sich fort: Er ist jetzt bei den Griechen und mit diesen schon erheblich näher bei uns, als er uns allein mit den Babyloniern sein könnte. Von den Griechen haben ihn, etwa zu Anfang unserer Zeitrechnung, die Römer übernommen, sowohl geistesgeschichtlich auf Wegen, die wir gut kennen, als auch realpolitisch, indem sie die halbe bekannte Welt eroberten. Die halbe, denn mit nüchterner Krafteinschätzung machte Kaiser Augustus (gest. 14 n. Chr.) am Euphrat, Kaiser Trajan (gest. 117 n. Chr.) an der Westgrenze Irans halt.

Das ist ein Zeichen dafür, daß Staaten weiterhin einen Weltherrschaftsgedanken pflegen und doch die Territorien, die eigentlich zusammen unter ihn fallen müßten, pragmatisch unter sich aufteilen können. Später, seit dem Ende des 4. Jahrhunderts unserer Zeitrechnung, sind diese das Weströmische Reich, das schon hundert Jahre später vom christlich werdenden Frankenreich und danach vom Heiligen Römischen Reich deutscher Nation beerbt wird; das Oströmische Reich, das sich in das christliche, byzantinische Imperium wandelt; und wieder Iran, inzwischen unter der Dynastie der Sassaniden, das sich gerade dadurch gegen voraufgegangene Zerreißproben auf seinem Gebiet konsolidierte, daß man sich wieder auf den Reichsgedanken der Achaemeniden berief, der von Alexander dem Griechen zu Unrecht in Anspruch genommen worden sei.

Ein großes Gebiet ist bis hierhin auf unserer historischen Landkarte fast weiß geblieben: die arabische Halbinsel. Aus ihr brechen im 7. Jahrhundert die Araber in das Gefüge der drei großen Imperien ein. Große Teile des Weströmischen Reiches und seiner germanischen Nachfolgestaaten, von Byzanz und ganz Iran werden nun zu einem neuen Weltreich, dem Kalifat. Da ganz Iran zu ihm gehört, bleibt es äußerlich gesehen das dritte neben den beiden römischen Imperien, aber die Bewohner des Kalifenreiches homogenisieren sich nicht: Araber und Iraner bleiben, wie sehr auch zuzeiten die Iraner die Sprache der Eroberer und wie sehr auch die Araber die Kultur der Eroberten annehmen, doch immer zwei verschiedene Völker. In einer langen Geschichte, die viel komplizierter war als hier auch nur angedeutet werden kann, stellen sie sich bald mehr bald weniger als solche dar. Am verschiedensten zeigten sie sich im iranisch-irakischen Krieg. Dieser war zwar nicht einfach ein iranisch-arabischer Krieg — dafür gab es infolge der ethnischen Binnendifferenzierung beider Länder, außenpolitischer Konstellationen und des irakisch-syrischen Gegensatzes zu viele Ausnahmen. Aber er fand auf Geländen statt, zwischen denen das hohe Zagrosgebirge immerhin von der Zeit Alexanders bis in die der Kalifen eine offene Grenze gebildet hatte, und er wird von Iranern und Arabern ausgetragen, deren Vorfahren viele Chancen des Zusammenlebens übermittelt bekommen hatten. So viele sie davon auch wahrnahmen, es war ihnen nicht beschieden, davon etwas für unsere Tage zu bewahren. Nur Blutvergießen schien übriggeblieben zu sein, nachdem alle anderen Formen der Auseinandersetzung ausprobiert worden waren. Um zu erklären, wie es dahin kam, reicht der politgeographische Rahmen, innerhalb dessen die Araber erst 1200 Jahre nach dem Auftreten der Iraner in die Rolle ihrer traditionellen westlichen Gegner eingerückt sind, nicht aus. Wir müssen weitere Gesichtspunkte in den Kreis unserer Betrachtungen ziehen. Dabei wird uns jedoch der Weltherrschaftsgedanke in zweifacher Gestalt, einmal als Panislamismus sodann als Panarabismus, wiederbegegnen.

2. Der politische Messianismus

Als der iranische König Kyros II., genannt »der Große«, Babylonien und was dazugehörte übernahm, kam das auch einem Volk zugute, dem im 8. Jahrhundert von den Assyrern und im 6. Jahrhundert v. Chr. von den Babyloniern übel mitgespielt worden war: dem Volk Israel. Kyros hatte die religionspolitische Klugheit, sich die Loyalität von Völkern am Rande seines riesigen Reiches zu sichern, indem er sie nicht ganz und gar unterdrückte, sondern ihnen ihre kulturelle und religiöse Identität beließ. So durften die Juden, die von den Babyloniern ins Zweistromland verschleppt worden waren (597/587), (seit 539) wieder nach Jerusalem zurückkehren und sich dort und darum herum ein neues Gemeinwesen aufbauen.

Israel war auch darin anders als die übrigen Völker, daß es die Weltgeschichte unter der Leitung und Herrschaft seines Gottes sah, dessen Plan und Wille nicht zuletzt an den Taten und Geschicken der Mächtigen in der Schöpfung zu erkennen war. So wagt in der 2. Hälfte des 6. Jahrhunderts ein unbekannter Prophet im babylonischen Exil, den wir mangels eines besseren Namens den Zweiten Jesaja nennen, eine unerhörte Deutung der Ereignisse:

»So habe ich, der Herr, zu Kyros, meinem Gesalbten (meinem Maschiach, meinem Messias), gesprochen, den ich an der Rechten gefaßt habe, um Völker vor ihm niederzutreten, Tore vor ihm zu öffnen ... Ich, ich gehe vor dir her, Hügel ebne ich ein, eiserne Riegel zerbreche ich ... Ich, der Herr, der Gott Israels, der dich (= Kyros) bei deinem Namen rief: Um meines Knechtes Jakob willen und (das heißt) um Israels, meines Erwählten willen rief ich dich mit deinem Namen, (ja) mit einem Ehrennamen (wohl: dem des Messias) ... Die Hüften der Könige entgürte ich, (dafür) lege ich dir den Gürtel (der Herrschaft) um, damit man erkenne vom Aufgang der Sonne und von ihrem Untergang her, daß nichts ist außer mir, ich, der Herr, und niemand weiter, der Licht bildet und Dunkel schafft, Heil und Unglück«
(Jes. 45, 1-6).

Kyros ist der Hirte Gottes, der seinen Willen ausführt (Jes. 44,28), der siegt, wohin er auch tritt, dem die Völker preisgegeben sind (Jes. 41,2). Kyros ist von Gott gerufen, der seinen Weg gelingen läßt, damit er als Freund Gottes das Geschäft an Babylon besorge, und Israel soll sich versammeln und dies hören (Jes. 48,14 f.). Der Prophet versteht natürlich das, was der iranische Großkönig tut, als Israels Heil, das seine Freiheit einschließt.

Damit ist der zweite Gedanke in der Welt, der für unser Thema wichtig bleibt, der politische Messianismus, vom israelitischen Königtum aus, zu dem er seit Saul und David gehört hatte, weltgeschichtlich ausgeweitet worden. Es wird von nun an den Messianismus in vielfacher Gestalt, vielleicht darf man sogar sagen, es wird viele Messianismen geben — solche, die das Heil in der Gegenwart, und solche, die es in der Zukunft suchen; solche, für die das Heil in Glück und äußerem Wohlergehen, solche, für die es in innerer Seligkeit, und solche, für die es in beidem besteht; solche, für die allein die Verwirklichung des Heils wichtig ist, und solche, für die als Garant eine Person, ein Messias dazugehört.

Der messianische Gedanke bleibt, was er ist, wenn er so reich verstanden wird, wie er sich bei den Juden weiterentwickelt hat (vor allem, wenn er eschatologisch gefaßt wird) — nennen wir ihn der Einfachheit halber religiös, was ja politische Konsequenzen durchaus einschließen kann. Der messianische Gedanke wird hingegen verfälscht, wenn er vordergründig auf eine Wirklichkeit gepfropft wird, auf die er nicht paßt, die er also entweder umgestalten oder der er einen Sinn vermitteln soll, der ihr nicht innewohnt. Man darf dann von Ideologie sprechen, auch im speziellen Sinne eines falschen Bewußtseins. (Es fällt also nicht jeder politische Messianismus *per definitionem* darunter).

Der messianische Gedanke ist auf der irakischen und auf der iranischen Seite verschieden ideologisiert worden. Wie war er dorthin gekommen? Wir haben soeben von der Spannung zwischen Arabern und Iranern gehört. Von den Arabern her gesehen, liegt ihr nicht einfach ihre bisher nur zur Sprache gekommene politgeographische Sonderstellung und deren Ablösung durch ihren Eroberungserfolg zugrunde. Denn sie hatten eine neue Religion mitgebracht, den Islam. Er ist es, der das Erbe des messianischen Gedankens angetreten hat und weiterträgt. Dadurch wird sich, unter anderem, das Verhältnis zwischen Arabern und Iranern vielfach komplizieren, vor allem deshalb, weil der Islam sich meistens zweifach darstellt: als genuin arabische und als ökumenische Religion — wie es bis heute etwa auch in der kein Ende findenden Diskussion zum Ausdruck kommt, ob der Koran von gläubigen Muslimen nur auf arabisch oder auch in jeder andern Sprache gelesen werden darf. Diesen zwei Ausrichtungen entspricht eine Doppelrolle des Arabertums: Es ist sowohl der nationale Träger einer göttlichen Mission als auch Vorbereiter der endzeitlichen Heimholung aller Völker, unter denen dann die Araber kein besonderes mehr sein werden, in das »Haus des Islam«.

Die Ideologisierung besteht hier nun, vereinfacht gesagt, darin, daß diese Doppelrolle zu einer einfachen gemacht, das heißt auf Araber als empirische politische Größe reduziert und konzentriert wird. Wenn sich eine Nation als solche zu einer Mission berufen weiß, die man in der religiösen Dimension ebensogut göttlich wie messianisch nennen könnte, dann ist es zur Ideologie einer historischen Sendung gekommen. Dies ist auch uns Europäern wohlvertraut; sind wir, die wir nicht mehr wie die Juden auf den Messias warten, sondern Jesus mit dem griechischen Wort für den Messias, nämlich Christus nennen, doch schon vor den Muslimen die Erben des messianischen Gedankens geworden und haben diesen oft genug exklusiv an das Abendland oder an eine Nation oder an ein bestimmtes Volk geheftet. Im heutigen Irak gehört dieser Typ von Ideologie, wie wir noch genauer sehen werden, zum Programm der herrschenden Baath-Partei. Wichtig ist dabei, daß die Nation höher steht als ihre Religionen, mag unter ihnen auch eine sein, die wegen ihrer Größe von weitem so aussieht, als könne sie die Nation vertreten. Im arabischen Nationalismus ist diese Position erreicht.

Deshalb werden die Muslim-Brüder, die als solche eine antinationalistische Richtung darstellen, in manchen arabischen Ländern verfolgt oder gar, wie Sayed Qutb von Nasser, wegen antipatriotischen Verrats hingerichtet.

In Iran hat der messianische Gedanke nach der Islamisierung sehr verschiedene Formen angenommen. Zu den vorhin genannten, für die die Bindung des Heils an eine

Person unabdingbar ist, gehört auch die Richtung, die heute in Iran herrscht, die sogenannten Zwölfer-Schiiten. Obwohl ihre Zentren ursprünglich exklusiv arabisch waren — sie lagen zuerst im abbasidischen Bagdad, dann im weiteren arabischen Irak und im Libanon, wo deshalb die iranische Revolution noch heute ihre Bundesgenossen findet —, kam es über eine neue Zentrierung ihrer Bestrebungen in turkmenischen Stämmen Anatoliens zur Machtergreifung einer Dynastie in Iran (der Safawiden), die dort und nur dort einen staatlichen Raum für die feste Etablierung der Zwölfer-Schia schuf. Die relativ kurze Zeit seit 1500 hat ausgereicht, dieser Richtung eine Art iranischen Flairs zu verleihen, das ihr theologisch eigentlich nicht zusteht. Begünstigt wurde und wird das durch die Tatsache, daß zahlenmäßig die meisten Zwölfer-Schiiten eben Iraner sind. (Das Umgekehrte gilt ohnehin.) Diese Muslime erwarten den Messias als von Gott recht Geleiteten, als Mahdi (das ist in diesem Falle der zwölfte Gemeindeleiter oder Imam aus dem 10. Jahrhundert), am Ende der Zeiten. Solange er noch nicht da ist, wird er vom wahrhaft gerechten Rechts- und Religionsgelehrten in der Leitung der Gemeinde oder des islamischen Staates vertreten.

Ideologisiert konnte man hier gerade den alten messianischen Gedanken, daß ein iranischer Herrscher es ist, der Israel das Heil bringt, in neuester Zeit gewendet finden: entweder, in der Schah-Zeit, so, daß Iran und Israel zusammenarbeiten müßten, weil sie von Gott eine gemeinsame Aufgabe erhalten hätten, nämlich die Gottlosigkeit, heute also den Kommunismus, zu bekämpfen (erfolgversprechend nur an der Seite der USA); oder, nach der iranischen Revolution, widersprüchlich so, daß eine im Dienste höherer historischer Interessen stehende Gemeinsamkeit zwischen Iran und Israel es verlangte, daß Iran von (oder über) Israel Waffen bezog, um sie gegen Irak einzusetzen (dem ja Israel selbst bei günstiger Gelegenheit einen Atomreaktor zerstört hat), daß aber unerachtet dessen Chomeinis Revolutionstruppen neben Bagdad auch Jerusalem erobern sollten, um es von einer Herrschaft zu befreien, die heute genauso exemplarisch unberechtigt sei, wie einst die babylonische es war: vom USA-gestützten Zionismus. (Realpolitisch kommt es dann so heraus, daß Iran zwar offiziell genauso ein Feind Israels ist wie

Irak, daß aber letzterer Israel näher und besser bewaffnet ist, weshalb Israel ein Interesse hat, den Irak an seiner Ostgrenze beschäftigt zu halten, und sei es mit Hilfe des anderen Israel-Feindes Iran, der auch aus diesem Grunde am Leben erhalten werden muß.)

3. Das Modell einer Vollkommenen Gesellschaft

Als die Griechen mit Alexander in den Orient kamen, brachten sie Lebensformen, Gedanken und Wissenschaften mit, die als neu empfunden wurden. Jahrhunderte des Austauschs folgten. In diesen Austausch wuchsen seit dem 2. Jahrhundert auch die christlichen Kirchen des Orients hinein, die bis auf den heutigen Tag als Minoritäten in islamischen Ländern leben. Wichtige Angehörige dieser Kirchen, die in der Politik eine bedeutende Rolle spielten, werden uns begegnen. Damals, besonders im 9. Jahrhundert, spielten christliche Gelehrte eine gleich wichtige Rolle als Vermittler griechischen Erbes an den Islam, der begierig war, es aufzunehmen.

Unter den vielen Ideen, die so übernommen und produktiv weiterentwickelt wurden, waren auch die von einer Vollkommenen Gesellschaft. Es ist die beste unter realen Bedingungen mögliche Gesellschaft. So etwas war zwar schon früher als bei den Griechen bei den Chinesen gedacht worden, und wir können heute viel davon lernen, damals aber war es in Iran, Irak und Syrien nicht bekannt. Im Hellenismus und in der europäischen Neuzeit ist das altgriechische Modell dann noch durch die Utopie überboten worden, für die eigentlich schon die Bedingungen unmöglich sind.

Die Ideen von einer Vollkommenen Gesellschaft haben in West und Ost auf ähnlichen Wegen ihre Wirkung getan wie der Weltherrschaftsgedanke. Im Verhältnis zu diesem war die wichtigste Neuerung, daß die Leitung des Staates und die Ordnung der Gesellschaft nicht von der Autorität oder gar Willkür des Königs bestimmt, sondern vernünftig und einsichtig sein sollten. Blieb es beim Amt des Herrschers, so mußte dieser sich dadurch ausweisen, daß er von der Vernunft geleitet, also Philosoph war.

Die politische Philosophie des Islam hat sich die Ideen von einer Vollkommenen Gesellschaft so vollständig anverwandelt, daß sie ihre eigenen geworden sind. Das erste wichtige Dokument dafür ist ein Buch über den islamischen »Musterstaat«, das ein arabisch schreibender und zugleich von frühislamisch-iranischer Alltagskultur geprägter Philosoph und Universalgelehrter türkischer Herkunft, al-Farabi (gest. 950), verfaßte. Er kritisierte damit die Verhältnisse des Kalifenreiches seiner Zeit, indem er ihm die ideale Gestalt, die es hätte haben können, gleichsam als Spiegel vorhielt. Ähnliche Idealisierungen, die zugleich auch jeweils die hiermit eingeleitete und weiterwachsende Tradition verarbeiten, sind aber immer wieder erfolgt. Sie finden sich, mit viel anderem verbunden, auch in den Soziallehren beider »Golf«-Kriegsgegner. In die Schia und bis zu Chomeini sind sie auf innerislamischen Wegen gekommen, in die Ideologie der Baath-Partei teilweise auch auf solchen, mehr aber noch auf einem europäischen Umweg, mit dem wir uns anhand des Nationalismus noch genauer beschäftigen werden. Ein wichtiger Unterschied besteht darin, daß in der Schia der königliche Philosoph seinen Nachfolger in der Gestalt des wahrhaft gerechten Rechtsgelehrten gefunden hat, während es sich im Baathismus um eine demokratische Konstruktion handelt.

Europäisches *Corpus Christianum* und islamisches Kalifenreich haben sich beide seit dem frühen Mittelalter gleichzeitig und nebeneinander her als *Societas perfecta* verstanden. Wendet man den Begriff der Vollkommenheit nach der hier zugrundeliegenden Logik an, dann schließen sich zwei Vollkommene Gesellschaften, die sich in irgend etwas voneinander unterscheiden, gegenseitig aus. Das zeigte sich im Prinzip schon in den Kreuzzügen, doch war man dabei andererseits so weit voneinander entfernt, daß sich Christen und Muslime auch mit gegenseitigem Respekt zur Kenntnis nehmen konnten.

Erst wenn sich zwei Gesellschaften mit einem solchen Vollkommenheitsanspruch zu nahe kommen, wird die Auseinandersetzung grundsätzlicher, und wenn andere Ursachen zum Krieg zwischen ihnen führen, wird sie es auch im Kriege: Da es nur eine Vollkommenheit gibt — keine der logischen Widerlegungen, die es in Theorien ja gibt, kommt hier zum Zuge —, kann und darf nur ein Rivale übrigbleiben.

3.1 Teilposition Theokratie

Nach der Rückkehr aus der babylonischen Gefangenschaft, die Kyros den Juden ermöglicht hatte (539 v. Chr.), blieben sie Untertanen des persischen Königs. Daraus folgte aber eigentlich nur, daß sie selbst keinen König mehr haben durften; im übrigen mußten sie eine eigene Regierungsform finden, da der König weit weg war. Sie taten es und setzten diese Form auch gegen die Statthalter und gegen die griechischen Nachfolger der Perserkönige durch. Der jüdische Historiker Flavius Josephus erklärte im 1. Jahrhundert n. Chr. den Griechen, die nur Monarchie, Oligarchie und Demokratie kannten, worum es sich handelte: um Theokratie, das heißt um Gottesherrschaft. Da Gott auf Erden nicht gegenwärtig ist, muß er gegenwärtig gemacht, repräsentiert werden. Für Flavius Josephus war Moses als Gesetzgeber ein solcher Repräsentant.

Seither nennt man eine Staatsform, in der es nur eine Macht gibt — also keine Trennung in religiöse und weltliche Macht, die etwa von Priestern und Königen getrennt, oder auch: die beide von einem, sei er König oder Priester, nach verschiedenen Seiten hin wahrgenommen werden — eine Theokratie. Sie hat sich nicht oft in der Geschichte ergeben. Historisch am wichtigsten ist sie geworden im christlichen Mittelalter, wo Kaiser und Papst um die Repräsentanz rivalisierten, und, bis heute, im Islam. Während für die Juden zuletzt der Hohepriester der Repräsentant Gottes war, war Mohammed es als Prophet. Nach ihm manifestierte sich die Spaltung in die beiden großen Konfessionen gerade in der unterschiedlichen Bestimmung des rechten Leiters der Gemeinde: Für die Sunniten wurde es der Kalif, für die Schiiten ein Nachkomme des Kalifen Ali und seiner Gattin, der Prophetentochter Fatima, genannt der Imam.

In der Genealogie der Imame machten Anhänger an verschiedenen Stellen halt und erklärten jeweils den fünften, den siebenten oder den zwölften für den endgültigen. Die Erwartung des zwölften Imams ist die historisch mächtigste geworden; diejenigen, die bei früheren Imamen haltmachen, bringen damit eher ihre Abweichungen von den Zwölfern an bestimmten Punkten zum Ausdruck, als daß sie die Messianität des zwölften Imams leugnen. Dieser ist damit zugleich der Mahdi, wie wir ihn beim Messianismus schon kennengelernt haben. Auf Erden muß dieser Repräsentant Gottes nun abermals repräsentiert weren. *De facto* sieht ein solches Amt aber nicht wie eine Repräsentanz zweiten Grades aus, die es eigentlich ist. Denn im Diesseits fallen die Allmacht Gottes und ihre Vertretung durch den Imam, wenn sie beide aus dem Jenseits wirken, in einem Repräsentanten zusammen. Chomeini wollte ein solcher Statthalter Gottes sein, auch gegen bedeutende islamische Rechtsgelehrte, die den *Fuqaha* eine Delegation politischer Macht nicht zubilligen wollen. Die Macht, die er beanspruchte und die ihm von seinen Anhängern auch zugebilligt wurde, war so groß, daß er sich selber »Imam« nennen konnte; es wird jedoch immer wieder betont, daß das nur »Führer der Gemeinde« bedeuten soll. Chomeini selbst lieferte keinen Anhalt, als wollte er in der Zwölfer-Schia der Dreizehnte Imam, nach seinem Tode also der entrückte und am Ende der Tage erscheinende Mahdi werden, was ihm gelegentlich verwestlichte iranische Intellektuelle unterstellten, die ihre Religion nicht mehr richtig kennen.

Das Grundproblem der Theokratie stellt sich nach zwei Seiten. Auch bei denjenigen Personen, die sich ihr grundsätzlich unterstellen, in ihrem Innern also, ist niemals eindeutig zu entscheiden, in welchem Ausmaß an der Formulierung des Gotteswillens der Eigenwille des Menschen beteiligt ist, der ihn verdolmetscht. Theokratische Entwürfe, die der damit anstehenden Gefahr der Verfälschung vorbeugen wollen, wirken deshalb eigentümlich inhaltsleer. Die letzte Herkunft der Autorität muß betont werden, aber die Inhalte, die so autorisiert werden, einschließlich Sozialordnungen und Regierungsformen, können verschieden aussehen. Das führt zum Problem der Darstellung nach außen: Da dort der Zweifel an der Authentizität des geäußerten Gotteswillens noch größer ist, ja dem Repräsentanten leicht sogar Betrug unterstellt werden kann, müssen dieser und seine Gefolgsleute sich um so unerschütterlicher als Vertreter des Gotteswillens darstellen. Die Konsequenz ist Terror nach innen und Aggressivität nach außen. Angehörige von Religionen, die Gottesgehorsam fordern — erst seit Josephus interpretieren wir dies ja als Theokratie —, waren sich über das Problem klar. Nur wo die Theorie, die in dieser Interpretation liegt, mit ins Programm aufgenommen wird, wird das Problem verdrängt. Ob man auf Karl den Großen und die Sachsen, auf mittelalterliche Päpste und die Ketzer oder die Hexen, auf Oliver Cromwell und die Nichtpuritaner oder ob man auf Chomeini und das neue iranische Strafgesetz blickt, es zeigt sich immer wieder: Theokratie ist grausam. Der Mensch ist zu fehlsam, er ist für die Ausübung von Gottesherrschaft auf Erden nicht geschaffen.

Die Eindeutigkeit, Rigidität und Vitalität der derzeitigen Theokratie in Iran hat es immerhin vermocht, viele andere islamische Bewegungen in ihren Bann zu ziehen, auch sunnitische. Unter allen gibt es Tendenzen, die den Glaubensuniversalismus des Islam derart ideologisiert haben, daß wir sie in unserer politikwissenschaftlichen Terminologie nur mit der griechischen Silbe Pan (= All-, Ganz-) bezeichnen können, also von Panislamismus reden. Chomeinis Theokratie ist panislamisch von innen heraus, und sie ist es außerdem, weil sie die Ziele und Kräfte bisheriger panislamischer Bewegungen aufnimmt. Elemente des Weltherrschaftsgedankens, der ganze Messianismus und das Modell einer Vollkommenen Gesellschaft sind ihr integriert. Um so unerträglicher muß es für sie sein, daß sie in ihrem engsten Umkreis nur eine Teilposition ist, daß sie von einer auswärtigen Macht, eben der irakischen, in Frage gestellt und begrenzt wird, die mit Theokratie nichts zu tun hat.

4. Der (römische) Begriff des Friedens, der einen militärischen Sieg voraussetzt

Tun wir aus der Vergangenheit einen weiteren Schritt auf unsere Zeit zu, so ist auch bei der Herrschaft der Römer seit dem 1. Jahrhundert v. Chr. zu verweilen, obwohl sie die heutigen Schlachtfelder nicht eingeschlossen hat. Denn die Römer haben einem ganz bestimmten Friedensverständnis Ausdruck verliehen. Es besagt, daß der Friede einen militärischen Sieg voraussetzt. Unbewußt mag es dies Verständnis schon vorher gegeben haben; auch die altorientalischen und griechischen Herrscher hielten einen militärischen Sieg natürlich für erstrebenswert und das, was danach kam, für etwas Gutes, aber sie nannten es nicht Frieden und quälten sich dementsprechend auch nicht mit Rechtfertigungen des Krieges ab, der dahin führen soll. Die Assyrer brüsten sich sogar voll Stolz der Grausamkeiten, die sie an ihren Feinden verübt haben. Die Griechen gehen vielleicht einen Schritt weiter, indem sie das, was sie den Menschen zu bringen haben, als kulturelle Wohltat verstehen; sie führen auch Kriege, aber diese haben in ihrer Erinnerung an ein Goldenes Zeitalter keinen Platz. Den Römern blieb es vorbehalten, alles zusammenzunehmen: Das Goldene Zeitalter, für sie ein zukünftiges, muß das kriegerische Ringen um den Weltfrieden verklären; sie sollten die Völker beherrschen; das, was sie ihnen auferlegten, sei Friedensgesittung; wer sich dies auferlegen ließ, war ein Unterworfener und zu schonen, wer nicht, war ein Übermütiger und zu züchtigen (Vergil, Aeneis VI, 851/3). »Wenn du den Frieden willst, dann bereite den Krieg vor« ist sinngemäß bei den Autoren — meist Militärschriftstellern —, aus deren differenzierteren Aussagen dieses Sprichwort abgeleitet ist, keine Verteidigungsdoktrin, sondern formuliert Kriegsvorbereitungen als positive Anfangsschritte auf dem Weg zur Völkerbeherrschung unter römischer Sitte, genannt *Pax*. Als Friedensgottheiten gibt es denn auch nichts weiter als den Kriegsgott Mars mit der gesenkten Lanze und die Göttin Pax mit dem Fuß auf dem Rücken eines besiegt daliegenden Feindes.

Die Römer haben diesen merkwürdigen Friedensbegriff vielleicht nur stellvertretend für viele Völker definiert. Nur der Einfachheit halber dürfen wir ihn einen römischen nennen, denn er könnte mit einer angeborenen Fehlprogrammierung des größeren Teils der Menschheit überhaupt zusammenhängen. Nicht nur im Wettrüsten, sondern auch im Abschreckungsdogma, ja sogar noch in Abrüstungsverhandlungen von heute, wenn eine Partei ein wenig mehr Waffen übrigbehalten möchte als die andere, um sich überlegen, das heißt tendenziell siegreich für alle Fälle erst einmal fühlen zu können, feiert dieses Friedensverständnis seinen geheimen Triumph.

Ich erwähne das hier, weil es genügt, den römischen Friedensbegriff auch in den Ideologien festzustellen, die im iranisch-irakischen Krieg gegeneinander stritten. Das *bellum iustum*, der gerechte Krieg, der bei uns Christen eine so große Tradition hat, ist etwas anderes. Erst recht etwas anderes ist der islamische *Dschihad*, den man in

Europa sehr mißverständlich mit »Heiliger Krieg« wiederzugeben pflegt. (Einige islamische Organisationen tun es neuerdings auch, um sich uns verständlich zu machen.) *Dschihad,* von uns in der mißverständlichen Bedeutung als treibender Grund oft zitiert, war auf irakischer Seite nicht, nach meinem Urteil aber im klassischen Sinne auch auf iranischer Seite nicht gegeben. Chomeini und die offizielle iranische Presse verwendeten diesen Begriff zwar oft, aber er bezeichnet allgemein die Anstrengung um *Sazandegi,* das heißt um Aufbau, Produktion, Organisation, Ordnung im umfassenden Sinne. Der Krieg gegen Irak war natürlich ein Teil davon, aber er konzentrierte die Bezeichnung *»Dschihad«* nicht auf sich. Ordnung ist, wie bei den Römern, zwar erst dann geschaffen, wenn auch der Krieg gewonnen ist, heilig ist der Krieg deshalb nicht.

5. Die Idee des Martyriums

Wo griechische Herrschaft totalitär wurde (zum Beispiel in der ersten Hälfte des zweiten Jahrhunderts v. Chr. in Palästina), forderte sie Juden, die schon da waren und ihre eigenen Gründe hatten, sich nicht zu fügen, besonders heraus. Wo Christen neu auftraten, fühlte sich die Nachfolgemacht, die römische, so herausgefordert, daß sie sich ihres innewohnenden totalitären Herrschaftsprinzips neu besann. Für Juden und für Christen führte das, obwohl ihre Ausgangslage ganz verschieden war, in extremen Situationen zu derselben Haltung, nämlich zur freiwilligen Hingabe ihres eigenen Lebens. Dies sollte eine nicht wieder rückgängig zu machende Bezeugung der Wahrheit sein, die die Gruppe vertrat, mit welcher der sich Opfernde solidarisch war, und es sollte gleichzeitig den ideologisch kontrastierenden Standpunkt der äußerlich siegreichen Gruppe unwiderruflich als falsch entlarven. Wir nennen diese Art von Bezeugung ein Martyrium. Das Martyrium enthält ein Muster, wie einem Tod ein Sinn gegeben werden kann, der die Umstände seiner Zufügung und die Absichten des äußerlich siegreichen Täters absolut unwesentlich macht, der also überzeitlich und metaphysisch ist. Schon im zweiten Jahrhundert konnte man das so ausdrücken, daß ein Christ, der das Blutzeugnis abgelegt hatte, am Orte seines Herrn sei, der dasselbe erlitten hatte.

Diese weltüberwindende Deutungsmöglichkeit wird fortan aus der Welt nicht mehr verschwinden. Beim Propheten Mohammed sieht sie so aus:

»Wenn ihr (auf einem Feldzug) mit den Ungläubigen zusammentrefft, dann haut (ihnen mit dem Schwert) auf den Nacken! Wenn ihr sie schließlich vollständig niedergekämpft habt, dann legt (sie) in Fesseln, (um sie) später entweder auf dem Gnadenweg oder gegen Lösegeld (freizugeben)! (Haut mit dem Schwert drein) bis der Krieg (euch) von seinen Lasten befreit (und vom Frieden abgelöst wird!) Dies (ist der Wortlaut der Offenbarung). Wenn Gott wollte, würde er sich (selber) gegen sie helfen. Aber er möchte (nicht unmittelbar eingreifen, vielmehr) die einen von euch (die gläubig sind) durch die anderen (die ungläubig sind) auf die Probe stellen. Und denen, die um Gottes willen getötet werden, wird er ihre Werke nicht fehlgehen lassen (so daß sie damit nicht zum Ziel kommen würden). Er wird sie rechtleiten, alles für sie in Ordnung bringen und sie ins Paradies eingehen lassen, das er ihnen zu erkennen gegeben hat« (Sure 47, 4-6; Übers. R. Paret).

»Und wenn ihr um Gottes willen getötet werdet oder sterbet, so ist (jedenfalls) Vergebung und Barmherzigkeit von Gott (wie sie dereinst den Gläubigen gewährt wird) besser als (all) das, was man (im Diesseits an Geld und Gut) zusammenbringt. Und wenn ihr sterbet oder getötet werdet, so werdet ihr (jedenfalls dereinst) zu Gott versammelt werden ... Und du darfst ja nicht meinen, daß diejenigen, die um Gottes willen getötet worden sind, (wirklich) tot sind. Nein, (sie sind) lebendig (im Jenseits), und ihnen wird bei ihrem Herrn (himmlische Speise) beschert« (Sure 3, 157 f., 169).

Im Lauf der Geschichte ergab es sich folgerichtig, daß die Idee des Martyriums immer auf derjenigen Seite mächtiger blieb, die in Auseinandersetzungen unterlag. In der Geschichte des Islam selbst war das im Kampf von Anhängern des Kalifen Ali gegen die schon etablierte Dynastie der Omaijaden der Fall. Diese Gruppe sollte dabei endgültig zur Partei Alis, zur Schi'at Ali, zur Schia werden. Sie deutete den Tod, den der Prophetenenkel Husain am 10. Oktober 680 in der Schlacht bei Kerbela erlitt, als Martyrium und vergegenwärtigt sich dieses seither Jahr für Jahr in jeden Gläubigen tief ergreifenden Passionsspielen. Manche Deutungen, die dabei mitentwickelt werden, unterscheiden sich nicht mehr vom christlichen Verständnis eines Leidens, das stellvertretend andere erlöst.

Unter dieser Martyriumsidee wurden auf iranischer

Seite Menschen in den Kampf geschickt. Besonders Jugendliche weihten sich mit ihr dem sicheren Tode. Testamente, in denen sie sich dazu bekennen und ihre Gründe nennen, wurden in den Taschen der Gefallenen gefunden und in Zeitungen veröffentlicht. Sie folgen zwar einem literarischen Muster, aber wer hat das Recht zu bezweifeln, daß sie in tiefster Überzeugung und Ehrlichkeit niedergeschrieben wurden? Berechtigter sind Zweifel, wenn man die Mächtigen ansieht, die das alles verantworten. Verwandeln sie doch die Freiwilligkeit, die ein Kennzeichen des ursprünglichen Märtyrers war, in psychologische Nötigung, und haben sie doch von dem, was der Tod ihrer Menschen herbeiführen soll, ein Bild, das nicht überzeitlich und metaphysisch ist, sondern in der einfachen Verlängerung ihrer Machtausübung liegt. Um diese zu kritisieren, muß man freilich außerdem noch die Legitimität irdischer Theokratie in Zweifel ziehen. Tut man das, kommt man nicht umhin, hier von Ideologisierung und Instrumentalisierung der Martyriumsidee zu sprechen. Noch kein Wort haben wir für den Einsatz von Schauspielern, die in weißen Gewändern auf Schimmeln über die Schlachtfelder ritten, um den Kämpfenden den Engel darzustellen, der sie im Moment ihres Todes ins Paradies abholen wird; man muß erst prüfen, ob solche Nachrichten stimmen. Der Realität der Todesbereitschaft täte der Nachweis, daß es sich um Falschmeldungen handelt, ohnehin keinen Abbruch.

Aber auch auf irakischer Seite findet sich die Martyriumsidee. Sie gehört hier mit der revolutionären Baath-Ideologie zusammen. In den ursprünglichen Programmschriften wird der Weg der Nation als ein Erlösungsweg verstanden, der über Heimsuchungen, Schmerzen und Opfer zur Auferstehung *(ba'th)* führt. Man hat von einer »Passion« der *Umma*, der politisch-religiösen Volksgemeinschaft, gesprochen. Es hängt mit der geistigen Herkunft der Gründerväter der Baath-Partei, die wir sogleich beim Nationalismus kennenlernen werden, zusammen, daß diese Idee einer leidenden Gemeinde ihre Wurzeln eher in der Gedankenwelt des orientalischen Christentums und des osteuropäischen, speziell des russischen Geistes hat. Kann sich damit der einzelne Araber, besonders der Syrer und der Iraker, als Teil eines solchen Kollektivs zum Zeugnis mit dem eigenen Leben gerufen wissen, so lernt er außerdem, in welchen Tugenden das sozialrevolutionäre Ethos des einzelnen sich auswirkt: in Bewußtsein, Aufrichtigkeit, Vertrauen, Liebe, Eintracht, Toleranz, Gerechtigkeit, Verantwortlichkeit, Solidarität, Freimütigkeit, Treue, Tüchtigkeit, Arbeitsfreude, Glaube, Hoffnung, Uneigennützigkeit, Tapferkeit, Zusammenhalt, Mannhaftigkeit, Wagemut, Aufopferung, Brüderlichkeit, Selbstvertrauen, Hingabe, Selbstkritik. Nimmt eine aufstrebende, sich befreiende Gesellschaft einen einzelnen unter derart vorgeprägten Verpflichtungen in Dienst, so kann er einen spontanen persönlichen Akt nur vollbringen, indem er seinen Willen zum Todesmut steigert, und dies um so mehr, je dringlicher es gleichzeitig wird, der unausweichlichen Erschlaffung der Revolution entgegenzuwirken. Zielt solch ein todesmutiger Willensakt gegen eine sich selbst begrenzende Gesellschaft, zum Beispiel gegen die unsrige, so muß sie das notwendig als Terrorismus empfinden und entsprechend reagieren.

Die Martyriumsidee liefert in ihren verschiedenen Ausprägungen auf iranischer wie auf irakischer Seite die Haupterklärung dafür, warum so viele Menschen ihren Obrigkeiten überhaupt gefolgt sind.

6. Die Bedeutung der Heimat

Noch in der Neuzeit hat es ein Weltreich gegeben, das die Territorien der antiken Reiche bedeckte: das türkische Reich der Osmanen. Von der Höhe seiner Macht um 1680 war es in einen langandauernden Zerfallsprozeß eingetreten, dessen Ende mit dem des Ersten Weltkriegs zusammenfiel. Die Völker im Osmanenreich haben auf den staatlichen Identitätsverlust, den das bedeutete, verschieden reagiert. Der Panislamismus, den wir bereits kennengelernt haben, war eine der möglichen geschichtsbestimmenden Reaktionen; eine andere, den Panarabismus, werden wir sogleich kennenlernen. Daneben, und in dauernder Spannung zu diesen Bewegungen, erfolgte an verschiedenen Stellen eine Orientierung am *Watan,* am Heimatland. Man ist versucht, dieses Phänomen in Theorien einzuzeichnen, die bei uns erst seit dem Ende des 18. Jahrhunderts entwickelt worden sind: Horizonte, die von der Familie, den Wohnstätten, der Ausübung bodenständiger Berufe gebildet werden, bestimmen das Leben.

Zwischen dieser vertrauten und der unvertrauten Welt wird ein reflektiertes Verhältnis hergestellt, innerhalb dessen man weiß, warum das da draußen fremd ist. Arbeit und Leben ist zugleich ein Erschaffen von Heimat, ein Sichheimischmachen auch in der physischen Umwelt, der Landschaft, dergestalt, daß Erfahrung des Gegebenen als naturhaft und als menschlich geprägt eins werden.

Für viele Völker, Minoritäten, religiöse Gemeinschaften, Religionsethnien ist diese Lebenswelt, der *Watan*, in den man hineingeboren wird und in dem man seinen Lebenssinn findet, mit der Zeit wichtiger geworden als eine politische Gebietshoheit, die von irgendeinem Staate her ausgeübt wird. Das bedeutet zugleich Loyalität gegenüber jedwedem Staat, der solchen ethnischen, religiösen, kulturellen Spezifizierungen Raum gibt, wie es die Osmanenherrschaft gegenüber den *Millet*, in denen sich Ansätze zu solchen Identitätsfindungen bereits zeigen, schon praktiziert hatte. Gegenüber den Kurden hat es bekanntlich kein Staat getan, und nicht zuletzt deshalb sind sie heute auf iranischer wie auf irakischer Seite nochmals in je zwei Parteien zerspalten, die doch alle für das gleiche nationale Ziel kämpfen. Aber den Schiiten auf seinem Territorium hat unerachtet ihrer Beziehungen zu ihren iranischen Glaubensbrüdern der Irak und den Arabern auf seinem Territorium hat unerachtet ihrer Beziehungen zu ihren irakischen Volksgenossen der Iran den *Watan* garantiert. Das sollte Folgen haben.

6.1 Teilposition Nationalismus

Mit sämtlichen bisher umrissenen Grundgedanken hängt der Nationalismus zusammen. Als eine Teilposition bezeichnen wir ihn in unserem Zusammenhang nur, weil er hauptsächlich auf der irakisch-arabischen, aber kaum auf der iranischen Seite eine Rolle spielt. Auf der letzteren ist eher das Gegenteil der Fall: Die Schiiten, denen die Welt gehören soll, sind nicht an persische Sprache und Kultur gebunden (wenn es auch eine übertreibende Interpretation iranischer Nationalisten sein dürfte, daß innerhalb der Theokratie, die das herrscherliche Gerüst dafür bietet, dem Arabertum nicht als Nationalität, sondern als Protagonisten des Islam wieder der Vorrang eingeräumt werden soll). Es mehren sich immerhin die Nachrichten, daß etwa die Gebung persischer Personennamen für Neugeborene zugunsten arabischer erschwert wird und daß man die Entarabisierung der persischen Sprache, wie sie in der Schah-Zeit betrieben wurde, wieder rückgängig machen will (womit der Anteil arabischer Fremdwörter und der amtliche Gebrauch des geschriebenen Arabisch immer noch geringer bleibt, als er bis zum 10. Jahrhundert war).

Auf der irakischen Seite ist der Nationalismus eng mit der Politik der Baath-Partei verbunden, die dort seit Juli 1968 regiert. Man darf ihn sich jedoch nicht als engen Chauvinismus vorstellen, in den er seit der zweiten Hälfte des 19. Jahrhunderts in Europa oft entartete. Denn schon der vollständige Name, den die Partei seit ihrer Gründung im April 1947 trägt, deutet auf Umfassenderes hin: *Hizb al-ba'th al-'arabi*, was man ebensogut mit »Partei der arabischen Wiedergeburt« wie ». . . der arabischen Auferstehung« übersetzen kann. (Bemerkenswerterweise bedeutet der Name der Partei, die von Februar 1975 bis März 1979 auf der Gegenseite unter dem Ministerpräsidenten Howeida die Politik bestimmte, nämlich *Rastahiz*, ebenfalls »Auferstehung«.) Darin liegt ein Anspruch, den wir wieder nur, wie vorhin (vgl. 3.1) beim Panislamismus, durch Vorsetzen der griechischen Silbe Pan- (= Ganz-, All-) ausdrücken können. Der Panarabismus versteht den Nationalismus nicht absolut, sondern als bis auf weiteres nötige Basis einer anzustrebenden arabischen Einheit.

So zeigt sich in einem dialektischen Verhältnis zu nationaler Partikularität eine letzte Metamorphose des Weltherrschaftsgedankens: Die arabische Sendung ist »ewig«. Sie will die Menschlichkeit, die sie schafft, der Menschheit (im Arabischen dasselbe Wort!) mitteilen. Von hier aus ist es nur noch ein Schritt zur Entdeckung der Menschheit in ihrer Masse, im Proletariat. Deshalb heißt das dritte Wort der Parteidevise hinter Einheit *(wahda)* und Freiheit *(hurriya)*: Sozialismus *(ischtirakiya)*. So konnte die Baath-Partei verschiedene Sozialismusvorstellungen adaptieren: (klein-)bürgerliche, mit denen die Tugenden der ersten Genossen Mohammeds als Treue, Aufrichtigkeit, Liebe, Brüderlichkeit, Kameradschaft, Ritterlichkeit, Mäßigung und Besonnenheit interpretiert werden, aber auch marxistische wie die Diagnose der Krankheit des arabischen Volkskörpers mittels sozialer Klassenanalyse, die Herbeiführung der Heilung mittels Aufhebung der Klassen durch Revolution, die Verfassung des Erreichten in einer Art Volksdemokratie und die Organisation der darauf hinarbeitenden fortschrittlichen Kräfte in einer Art Nationaler Front. (Die Personifikation der Nation in einem »Führer«, einschließlich Personenkult und faschistoidem Abgleiten in die Diktatorenrolle, hat sich aber auch hier, bei Saddam Hussein, nicht vermeiden lassen.)

Eine solche Programmatik — sie ist in Wirklichkeit noch viel komplexer — enthält die Tendenz zu Vereinfachungen und Vereinseitigungen hierhin und dorthin bereits in sich. Die Baath-Partei, oder der Baathismus, hat sich deshalb im Laufe ihrer nunmehr vierzigjährigen Geschichte immer wieder in Flügelkämpfen zerstritten oder ist in rivalisierende Organisationen zerfallen. Auch nimmt es nicht wunder, daß andere arabische Staaten — es sind alle außer Syrien, wo die Baath-Partei gegründet wurde und gleichfalls regiert — an der nationalistischen Komponente der beiden Baath-Länder eher ihre partikularistische Faktizität als ihre programmierte Vorläufigkeit in Rechnung stellen, ihre je eigene Nationalität dagegensetzen und die Baath-Partei bei sich gar verbieten.

Für uns Europäer und Christen hier und heute ist aber etwas anderes wichtig. Daß eine solche Programmatik sich in zwei arabischen Ländern überhaupt durchsetzen konnte, setzt eine gewisse Säkularisierung ihrer islamischen Durchdrungenheit voraus, für die in erster Linie das Einströmen des westlichen Säkularismus die Ursache ist. Daß sich aber dieser Prozeß gerade in einem Sozialismus manifestierte, dessen Internationalität in dialektischer Spannung zu begrenzter Nationalität als bis auf weiteres notwendiger historischer Durchgangsstufe steht, ist hauptsächlich aus den Voraussetzungen erklärbar, die die Gründer und wichtigsten geistigen Väter der Baath-Partei mitbrachten. Der bedeutendste unter den Gründern, Michel Aflaq, ist ein griechisch-orthodoxer Christ aus Damaskus. Vor dem Ersten Weltkrieg wirkte Nagib al-Azuri, ein Syrisch-Unierter, vor dem Zweiten Weltkrieg Konstantin Zuraiq, der syrisch-orthodoxer Konfession war. Sie und andere haben in Europa, meist an der Sorbonne studiert. Dort und durch später fortgesetzte

Lektüre und Kommunikation haben sie Ideen Herders, Rousseaus und Hegels, der französischen Materialisten und frühen Sozialisten, von Feuerbach, Marx und Engels, von Lenin, Tolstoi und Dostojewskij, von Bergson und Rolland aufgenommen. In einer — quellenmäßig allerdings schwer belegbaren — konglomerierten Form hat dies auch das Denken solcher Politiker bestimmt, die nicht (wie zum Beispiel der gegenwärtig amtierende irakische Außenminister Aziz) vom Christentum, sondern vom Islam herkamen und das durch die Säkularisation geschaffene geistige Vakuum aus dessen Tradition allein nicht mehr füllen konnten. Im ganzen aber bestätigt sich hier das ideengeschichtliche, uns hiermit neu zum Nachdenken aufgegebene Grundgesetz, daß — sei es aus Wahlverwandtschaft, sei es aus anderen Gründen — im christlichen Lebens-, Denk- und Glaubensbereich der Säkularisationsprozeß eher zu Sozialismus als zu Konservatismus führt (obwohl das letztere durchaus vorkommt). Dies konnte als Modell in andere Sozialordnungen übertragen werden. In Syrien und im Irak war die Baath-Partei wegen ihrer sozialistischen Orientierung erst recht für die vielen marginalisierten Gruppen attraktiv, die noch kleiner sind als die Christen. Das erklärt den durchgreifenden Erfolg, aber auch die späteren Spaltungen dieser Partei.

Vielleicht wird der Baathismus in anderen arabischen Ländern auch deshalb abgelehnt, weil man diese Fremdheit spürt, obwohl das Resultat kein christlicher und auch kein atheistischer Sozialismus ist und sich sogar mit traditioneller islamischer Ethik verbinden kann. Vollends für eine imamitische Theokratie wie die jetzige in Iran ist ein solches Gebilde der geborene Todfeind.

Der Krieg, die Betroffenen und die Beteiligten

Ich will hier nicht auf die Ursachen des Krieges eingehen, die in der Politik Irans und Iraks, der in beiden Ländern tätigen Erdölgesellschaften und ihrer Kunden zu finden sind. Das wäre in der Kürze gar nicht möglich und ist auch schon oft gemacht worden. Ich versuche vielmehr, die acht Grundgedanken, die in sechs umfassenden und zwei partiellen ideologischen Positionen dargestellt wurden, als Gründe für verschiedene Tatbestände wiederzufinden. Diese Grundgedanken sind nicht die Gründe für den Ausbruch des Krieges, aber sie wurden neben anderem in den Ursachen für den Ausbruch des Krieges mit instrumentalisiert, und sie lieferten für seine Fortführung bisweilen einleuchtende Erklärungen. Die Grundgedanken haben außerdem schon gezeigt, worin unsere Gemeinsamkeit mit den unmittelbar Betroffenen besteht, und es muß jetzt untersucht werden, wie man diese Gemeinsamkeit über spontane, selbstverständliche, moralische, menschliche Solidarität hinaus nutzen kann.

1. Die Gründe hinter den Ursachen

Die Frage, wer den Krieg begonnen hat, läßt sich nur vielschichtig beantworten, sobald man nur ein wenig hinter einen vordergründigen Aggressionsbegriff zurückgeht und sich klarmacht, durch was alles und mit wie vielen verschiedenen Mitteln sich jemand angegriffen fühlen kann. Eine junge aufsteigende Macht ist psychologisch genommen immer im Angriff, und das war bis zum Sturz des Schah der Baathismus, danach waren es die Kräfte der iranischen Revolution. Die letzteren mußten sich ihrerseits, solange sie sich noch nicht durchgesetzt hatten, durch das pragmatische Machtdenken aller Staaten, die mit dem Schah-Regime verbündet waren, sowie durch die von den Parteigängern dieses Regimes selbst aus dem Exil erzeugten Wirkungen angegriffen fühlen. Der Baathismus hatte als arabische Bewegung nicht bei den Iranern, sondern nur bei den arabischen Bewohnern Chuzistans eine Adresse. Die islamische Revolution Irans hingegen mußte in erster Linie in den schiitischen Bewohnern des Irak, dann aber auch in allen andern Schiiten und in den Sunniten ihre Bekenner sehen.

Warum der Aufstieg des Baath zur Schah-Zeit nicht zum Kriege mit Iran führte, ist nur aus politischen Ursachen erklärbar, die wir hier nicht analysieren. Danach fiel die Initiative notwendig an die jüngere Kraft, die der iranischen Revolution. So war letztlich seitens beider Länder der Krieg, erstens, ein Angriffskrieg, wenn auch das erste Rollen der Panzer (aus dem Irak) als die gewalttätigere Aggression bezeichnet werden muß. Aber Chomeini und Saddam Hussein machten denselben Fehler, indem sie beide die Macht der Heimat, des *Watan*, unterschätzten; Chomeini gegenüber der Faszination der Theokratie, Saddam Hussein gegenüber der Anziehungskraft des Nationalismus. So stürzten die arabischen Schiiten Saddam Hussein nicht, als Chomeini sie dazu aufrief, sondern ließen ihn als ihren Landesvater leben (Februar 1980), und die chuzistanischen Araber liefen nicht zu den Irakern über, als Saddam Hussein seine Armee dort einmarschieren ließ (September 1980), sondern sahen sich weiterhin an der Peripherie einer Zentrale, die Teheran und nicht Bagdad hieß. Insofern es dabei bleiben, der *Watan*-Status geschützt werden sollte, war der Krieg für beide Länder, zweitens, ein Verteidigungskrieg.

Insofern beide Länder aber den Weltherrschaftsgedanken weiterführten, Iran im Panislamismus und Irak im Panarabismus, was sich gegenseitig ausschließt, war der Krieg von beiden Seiten, drittens, wieder ein Angriffskrieg. Insofern beide eine Vollkommene Gesellschaft wollen, Iran die islamische und Irak die sozialistische, die in diesem Falle zwar an die angriffsträchtigen Grundgedanken gebunden sind, grundsätzlich aber nicht, war der Krieg für beide, viertens, auch wieder ein Krieg zur Verteidigung dieser Gesellschaft.

Chomeini sah sich nun als Repräsentanten des Imam Mahdi als mit einer messianischen Sendung beauftragt; eine solche Sendung sah Saddam Hussein, unerachtet des Personenkultes, den er sich gefallen läßt, nicht für sich, sondern für die arabische Nation. Damit war der Krieg von beiden Seiten, fünftens, abermals ein Angriffskrieg. (Das war eine Anwendung von Thomas Manns Überlegungen zur letzthinigen Ununterscheidbarkeit von Angriff und Verteidigung: »Friedrich und die große Koalition«, in: *Politische Reden und Schriften*, Bd. 2, hrsg. von H. Bürgin, Frankfurt 1968, S. 20-65, dort 37 f., 60 f.).

Daß man Frieden erst machen kann, wenn einer gesiegt hat, hatten beide Parteien, wie die ganze Welt, längst verinnerlicht. Daß es nicht nur süß und angenehm ist, für das Vaterland zu sterben, wie bei den Römern, sondern daß erst das Martyrium dem Kampf die letzte Weihe gibt, haben wir gesehen. Es war beinahe von Anfang an klar, daß damit keine Aussicht auf eine »normale« Beendigung des Krieges bestand. Unter diesem Vorzeichen war das Herbeirufen von Verbündeten durch beide Seiten seit etwa März 1984 besonders erschütternd. Zahlreichen Staaten war der Krieg gerade recht gekommen, um ihr Öl bei beiden Partnern statt mit Geld mit Rüstungsgütern zu bezahlen, die sie ausgemustert hatten. Zusätzlich durften sie die Nachbarn beider Gegner aufrüsten, »um die Stabilität in der Region zu sichern«.

2. Die Ausnutzung der konfliktleitenden Gedanken und Positionen durch die Industrienationen

An dieser Stelle kommen die Resultate einer Entwicklung ins schlimme Spiel, die mit dem Bisherigen auf den ersten Blick gar nichts zu tun zu haben scheint. Der Zug ins Weltweite, den die panarabischen und die panislamischen Erben des universalen Herrschaftsgedankens, des politischen Messianismus und des Modells einer Vollkommenen Gesellschaft acht Jahre lang mit Waffen aneinander erprobten, ist auch den abendländischen, später europäischen Nationen nicht verlorengegangen. Er hat sie in aussichtsreichere Richtungen als nach dem Morgenland der Kreuzfahrer geführt: auf die Ozeane und in andere Kontinente. Die neuzeitlichen Erben des Weltherrschaftsgedankens sind im Westen, unter anderem, der Kolonialismus und seine nur wenig gebrochene Fortsetzung im derzeitigen Weltwirtschaftssystem. Im Osten — dort eher zufällig, es hätte auch im Westen sein können, woher die Grundgedanken gleichfalls kommen — sind es die Idee der Weltrevolution und die mannigfachen politischen Feldzüge, die klassenlose Gesellschaft, zu der sie führen soll, auf dem Globus durchzusetzen, wo es eben geht. Daß dies vielleicht nicht sogleich deutlich wird, liegt in dem Umstand, daß die Industrienationen die Metamorphose des Weltherrschaftsgedankens, die sich im Weltwirtschaftssystem manifestiert, nicht zuletzt dadurch effektiv erhalten, daß sie die altmodischen Versuche, diesen Gedanken regional und mit Waffengewalt zu verwirklichen, bis zum letzten unterstützen und dadurch ausnutzen. Die sozialistische Variante der Metamorphose des Weltherrschaftsgedankens besteht darin, daß für den glückbringenden Erfolg des revolutionären Prozesses zentrale Leitung oder ideologische Kontrolle für nötig ausgegeben wird, wodurch sich Leiter und Kontrolleure etablieren, die gleichfalls, wenn auch mit andersartigem Gewinn als Privatkapital es darstellt, in die Rolle von Ausnutzern geraten.

Beides ist im iranisch-irakischen Krieg mit entsetzlicher Eindeutigkeit geschehen. Die Massivität des wirtschaftlichen Engagements, der Zynismus des Waffenhandels, die Austauschbarkeit der Partner in den Bündnissen suchen ihresgleichen. Nach dem am 18. Juni 1987 veröffentlichten Jahrbuch des Stockholmer Friedensforschungsinstituts SIPRI haben sich an den Waffenlieferungen für diesen Krieg seit 1980 insgesamt 53 Länder beteiligt. 28 davon, also mehr als die Hälfte, lieferten den SIPRI-Angaben zufolge Rüstungsgüter an beide Länder, darunter beide deutsche Staaten, die auf ihre Neutralität immer stolzen Länder Österreich und die Schweiz, die USA und die Sowjetunion, Großbritannien und Frankreich. (Die Zahl der herstellenden Industrien und liefernden Firmen ist wahrscheinlich geringer, da sie zu Konzernen gehören, die multinational sind, das heißt sich durch mehrere Nationen erstrecken. Doch sind hier genauere Angaben nicht zu machen, da es wegen der Kapitalverflechtungen kaum möglich ist, Mutter- und Tochterfirma exakt entweder als zwei oder als eine zu zählen.) Der Krieg nahm damit phasenweise und partiell Züge eines Stellvertreterkrieges an, aber er war nicht ganz und gar ein solcher, wie gelegentlich behauptet wird; denn man kann nicht eindeutig sagen, wer als wessen Stellvertreter kämpfte.

Ein wichtiges Merkmal von Stellvertreterkriegen gab es immerhin. Es bestand nicht darin, daß der kapitalistische und der kommunistische Machtblock wie sonst ihr globales Machtstreben so lange durch Satellitenkriege tarnten, wie es nicht opportun erscheint, Kriege selbst zu führen, und daß sie irgendwann diese Kriege auch beenden lassen; denn in solchen Fällen geht es um die Durchsetzung von Weltanschauungen und den jeweiligen Beschluß, daß davon vorerst genug geschehen, mehr nicht machbar sei, und die kriegausführenden Organe, die jeweiligen Satellitenstaaten, sind dessen froh, weil sie bei sich selbst keinen Grund finden, weiterzumachen. Das Stellvertretermerkmal zeigte sich im iranisch-irakischen Krieg viel banaler darin, daß die Industrienationen in West und Ost, ohne die Durchsetzung von Ideologien oder den temporären Verzicht darauf überhaupt in das Kalkül einbezogen zu haben, ihre Überproduktion an Waffen, zu der sie eingefahrene Wirtschaftsplanung und Modernisierungskomplex gleichermaßen zwingen, nicht selbst verbrauchten, sondern durch die beiden kriegführenden Staaten verbrauchen ließen. Die Ideologien aber lieferten diesmal die beiden Staaten — und nur diese — selbst. Beide Seiten brachten tiefe — und wie wir gesehen haben, auch bei uns verwurzelte — Grundüberzeugungen mit, die sie bewogen, die Waffen, die ihnen die Nutznießer lieferten, auch anzunehmen und zu gebrauchen. Sowohl aus sich selbst heraus als auch, weil sie die gröbere Form derselben Gedanken darstellen, auf die die Nutznießerstaaten in ihrer eigenen Geschichte zurückblicken, verliehen sie damit den Konfliktpositionen im iranisch-irakischen Krieg eine Grundsätzlichkeit, die es in anderen Kriegen nicht mehr gibt.

Es war daher zweifelhaft, ob die beiden Staaten die Waffen auch wirklich fortwerfen würden, wenn sie von den Großen das entsprechende Signal erhielten. Sie hatten inzwischen eine eigene Waffenindustrie so weit aufgebaut, daß sie auch nach einem Embargo der Außenlieferanten den Kampf etwa auf dem technischen Niveau des Ersten Weltkrieges auf unabsehbare Zeit hätten fortsetzen können. Das ist der Grund, weshalb bei diesem Krieg ratloser als bei jedem anderen die Frage gestellt wurde, wie man ihn beenden konnte, ja, weshalb man sich auch heute noch die Frage stellen muß, ob er überhaupt grundsätzlich zu beenden ist. Diesen Krieg wirklich, das heißt mit einem Friedensschluß, zu beenden, würde ja von allen Beteiligten fordern, die großen Gedanken und hohen Ideale vom Himmel zu holen, mit denen sich — man übertreibt nicht — in der gemeinsam durchlebten Weltgeschichte die Vorfahren aller heute mit- und gegeneinander Kämpfenden identifiziert haben und die sich in einer einzigartigen Konstellation vielleicht ein letztes Mal gegenseitig legitimieren und stützen. Wer wäre dazu imstande?

In der Aufklärung und im Herunterholen ehrwürdiger Ideale liegt ein Problem, das auf der theoretischen Ebene ebensolche Dimensionen hat wie auf der praktischen Ebene das Unterfangen, die wirtschaftliche Überkapazität von der Waffenproduktion auf etwas anderes umstellen zu wollen. Vielleicht fällt das letztere denen, die die Mittel dazu in der Hand haben, sogar leichter, als es dem kollektiven Menschheitsbewußtsein fällt, die Träume von einer irdischen Gottesherrschaft oder von einer sozialistischen Vollkommenen Gesellschaft oder von einer unaufhörlich weiterwachsenden, durch die Menschheit hindurch bis in den Himmel wachsenden und dabei immer größeres Glück bringenden Wirtschaft nicht mehr zu träumen.

Denn anders als beim Aufhören mit solchen Träumen kann man beim Einstellen der Kriegswaffenproduktion und des Waffenhandels auf einer gewohnten, bewährten und liebgewordenen Ebene des Handelns bleiben, derjenigen der rationalen Kalkulation. Ist doch nichts weiter nötig als dieses, um irgendwann die Zeit des Friedensschlusses für gekommen zu halten, dann nämlich, wenn die Berechnung des Wiederaufbaugeschäfts größere Profite verspricht, als das Kriegsgeschäft bis dahin erbracht hatte und weiterhin erbringen könnte.

Daß solche Berechnungen existierten und zur Anwendung bereitlagen, kann ich nicht beweisen, halte es aber nach der schon oft zum Vorschein gekommenen Logik solcher Machenschaften für selbstverständlich. Die Vorbereitungen der USA und der Sowjetunion zu einer Aufforderung an beide kriegführenden Staaten, die Kampfhandlungen einzustellen, widrigenfalls man sie mit einem Waffenembargo belegen würde, sowie auch die Herbeiführung und Einhaltung des Waffenstillstandes, läßt darauf schließen, daß sich eine gewisse Industrie darauf vorbereitet hatte, die Unverkäuflichkeit ihrer bisher produzierten Artikel zugunsten neu in die Planung genommener Ware zu verkraften, und daß der Zeitpunkt, wo die Fertigung der Friedensware in Serie gehen konnte, nicht mehr fern war. Das war wohl ein wichtiger Schritt zur Beendigung des Krieges. War es aber auch schon die Fertigung des Friedens?

Literatur

Aßfalg, J. / Krüger, P. (Hrsg.): *Kleines Wörterbuch des Christlichen Orients*, Wiesbaden 1975

Ayoub, M.: *Redemptive Suffering in Islam. A Study of the Devotional Aspects of ›Ashura‹ in Twelver Shi'ism*, (Religion and Society, Bd. 10), The Hague 1978

Barthel, G. u. a. (Hrsg.): *Die Islamische Republik Iran*, Berlin/Köln 1987

Chomeini: siehe Khomeini

Eilers, W.: Iran und Babylonien zwischen Alexanderzeit und Islam, in: *Archäologische Mitteilungen aus Iran* 17 (1984), 195-219

Ferdowsi, M. A.: Iran, in: Nohlen, D. / Nuscheler, F. (Hrsg.): *Nordafrika und Naher Osten* (Handbuch der Dritten Welt, Bd. 6), Hamburg 1983², 288-329

Friedrich-Ebert-Stiftung (Hrsg.): *Der iranisch-irakische Konflikt: Ein Krieg ohne Gewinner.* Expertengespräch 11. und 12. 6. 1981, Analysen aus der Abteilung Entwicklungsländerforschung Bd. 98/99, Bonn-Bad Godesberg 1981

Greussing, K. (Hrsg.): *Religion und Politik im Iran,* Frankfurt/M. 1981

Groß, H.: *Weltherrschaft als religiöse Idee im Alten Testament* (Bonner Biblische Beiträge, Bd. 6), Bonn 1953

Ders.: *Die Idee des ewigen und allgemeinen Weltfriedens im Alten Orient und im Alten Testament* (Trierer Theologische Studien, Bd. 7), Trier 1956

Grummon, S. R.: *The Iran-Iraq War: Islam Embattled,* New York 1982

Haase, Wolfgang: »Si vis pacem, para bellum.« Zur Beurteilung militärischer Stärke in der römischen Kaiserzeit, in: *Akten des XI. Internationalen Limeskongresses* (Székesfehérvár 30. 8. bis 6. 9. 1976), Akademiai Kiado Budapest 1977.

Hinz, W.: *Das Reich Elam,* Stuttgart 1964

Holtzmann, R.: *Der Weltherrschaftsgedanke des mittelalterlichen Kaisertums und die Souveränität der europäischen Staaten* (1938), Tübingen 1953

Hünseler, P.: Irak, in: Nohlen, D. / Nuscheler, F. (Hrsg.): *Nordafrika und Naher Osten* (Handbuch der Dritten Welt, Bd. 6), Hamburg 1983², 267-287

Ismael, T. Y.: *Iraq and Iran: Roots of Conflict,* Syracuse 1982

Khomeini, R.: *Islam and Revolution. Writings and Declarations of Imam Khomeini,* Berkeley 1981

Ders.: *Der islamische Staat,* Berlin 1983

Kienast, B.: A Battle for Susa: The Gulf War in the Ancient Near East, in: *Society for Mesopotamian Studies, Bulletin* 13 (1987), 21-28

Koszinowski, T.: Syrien, Jordanien und Irak, in: Ende, W. / Steinbach, U. (Hrsg.): *Der Islam in der Gegenwart,* München 1984, 358-371

MacDonald, C. G.: *Iran and Saudi Arabia in the Persian Gulf: A Study in the Law of the Sea,* Ph. D. Thesis University of Virginia, Ann Arbor 1976

Mahrad, A.: *Der Iran-Irak-Konflikt* (Europäische Hochschulschriften, Reihe XXXI, Bd. 82), Frankfurt/M. 1985 (mit chronologischen Verzeichnissen von Presseberichten 1970-1984 zur Zeit vor und nach der Revolution in Iran, zum iranisch-irakischen und zum Israel/Iran-Irak-Konflikt)

Malanowski, A. / Stern, M. (Hrsg.): *Iran — Iraq. Bis die Gottlosen vernichtet sind,* Reinbek 1987

Möller, H.: *Der Krieg zwischen dem Irak und dem Iran. Hintergründe, Komponenten, endogene und exogene Bestimmungsfaktoren* (Dipl.-Pol.-Arbeit), Berlin 1984

Peters, A.: *Synchronoptische Weltgeschichte*, 2 Bde, München 1980
Presse- und Kulturabteilung der Botschaft der Islamischen Republik Iran (Hrsg.): *Zum irakisch-iranischen Krieg*, Bonn 1981
Rathmann, L. (Hrsg.): *Geschichte der Araber. Von den Anfängen bis zur Gegenwart.* 7 Bde, Berlin 1971-1983
Schaeder, H. H.: Das persische Weltreich (1941), in: Schaeder, H. H.: *Der Mensch in Orient und Okzident*, München 1960, 48-82
Ders.: Imperium und Kalifat (1937), ebenda, 216-238
Schmucker, W.: Studien zur Baath-Ideologie, in: *Die Welt des Islams*, N. S. 14 (1973), 47-80 (Teil 1); N. S. 15 (1974), 146-182 (Teil 2)
Schwarz, P.: Huzistan, in: Schwarz P.: *Iran im Mitteltalter nach den arabischen Geographen (1921)*, Hildesheim 1969, 289-445
Steinbach, U.: Iran, in: Ende, W. / Steinbach, U. (Hrsg.): *Der Islam in der Gegenwart*, München 1984, 220-235
Steppat, F.: Islamisch-fundamentalistische Kritik an der Staatskonzeption der islamischen Revolution in Iran, in: Roemer, H. R. / Noth, A. (Hrsg.): *Studien zur Geschichte und Kultur des Vorderen Orients*, Leiden 1981, 443-452
Stork, J.: The War in the Gulf, in: *Merip Reports* 97 (1981), 3-18 (dasselbe Heft enthält auch Interviews mit Shibli al-Aissame, Aziz Mohammad und Hanna Batatu sowie Rezensionen von des letzteren Buch *The Old Social Classes and the Revolutionary Movement of Iraq*, Princeton 1979)
Süddeutscher Verlag (Hrsg.): *Der Krieg am persischen Golf*, Aktuelle JRO-Landkarte 34 (1987), Nr. 4 (Handkarte, Wandkarte, Beiheft)
Tagaoi, J.: The Iran-Iraq War. The first three years, in: Rosen, B. M. (Hrsg.): *Iran since the Revolution*, New York 1985, 63-82
Wright, C.: Implications of the Iraq-Iran-War, in: *Foreign Affairs* 1980/81), 275-303

Für wichtige Verbesserungen, Ergänzungen und Bestätigungen danke ich Gabriele Yonan und meinen Kollegen Friedemann Büttner, Bert Fragner, Jan-Heeren Grevemeyer, Rudolf Macuch, Johannes Renger, Fritz Steppat und R. J. Zwi Werblowsky. Einige einschlägige Formulierungen lehnen sich an die hervorragende Analyse der Baath-Ideologie von W. Schmucker an, der mir auch einige Literaturangaben freundlichst zur Verfügung stellte. Der Beitrag basiert auf einem Vortrag, den der Autor am 20. Juni 1987 auf dem Deutschen Evangelischen Kirchentag in Frankfurt a. M. gehalten hat. Der Text wurde für den Druck überarbeitet. So wurden insbesondere diejenigen Stellen geändert, die dem Anlaß und der Aktualität des Geschehens gemäß den Charakter eines Appells an die Zuhörer trugen. Mit Ausnahme des Waffenstillstandsabkommens wurden Fakten und neue Erkenntnisse, die sich auf Ereignisse nach dem Vortragsdatum beziehen, nicht hinzugefügt. Für den eigentlichen Kriegsverlauf und die politischen Wechselfälle um ihn herum sei auf die detailreichen und klaren Darstellungen von Anja Malanowski und Marianne Stern in dem von ihnen herausgegebenen Buch (s. o.), für den Waffenhandel auf den Beitrag von Michael Flitner ebendort verwiesen.

Nachweise

Historische und theologische Gründe für die abendländische Angst vor dem Islam

Zuerst in: D. Kiesel u. a. (Hrsg.), *Fremdheit und Angst. Beiträge zum Verhältnis von Christentum und Islam* (Arnoldshainer Texte 53), Frankfurt/M. 1988, S. 31-56.

Zu einigen islamischen und westlichen Wert- und Weltvorstellungen

Zuerst unter dem Titel: Gesellschaftspolitische Voraussetzungen für Identität: Zu einigen islamischen und westlichen Wert- und Weltvorstellungen, in: Christoph Elsas (Hrsg.), *Identität. Veränderungen kultureller Eigenarten im Zusammenleben von Türken und Deutschen*, Hamburg 1983, S. 5-38.

»Der Pfad der Beredsamkeit« (Nahdschu l-balagha)

Vorgetragen auf einer Informationsveranstaltung nach einer Reise nach Teheran (2. bis 10. Juni 1979), die dem besseren Verständnis der iranischen Revolution dienen sollte; 1980 englisch unter dem Titel: On the Idea of the Shi'ite Just State — The »Nahju' l-Balagha« in the Shi'ite Islam, in: Berliner Institut für vergleichende Sozialforschung (Hrsg.), *Arbeitsheft zum Workshop: History and Politics of Religious Movements in Iran*, 5.-7. 9. 1980.

»Die Satanischen Verse«

Vorgetragen auf einer Solidaritätsveranstaltung verschiedener Organisationen für Salman Rushdie am 9. März 1989.

Kopftuch und Schleier: Was verbergen sie, was sprechen sie aus?

Zuerst in: *Ausländerkinder.* Forum für Schule und Sozialpädagogik, Heft 25/26, Freiburg 1986, S. 9-33.

Historische und religiös-politische Konfliktpositionen im sogenannten Golfkrieg

Zuerst in: 22. *Deutscher Evangelischer Kirchentag*, Frankfurt a. M. 1987. Dokumente, hrsg. von K. von Bonin, Stuttgart 1987, S. 715-740. Wieder abgdruckt in: J. Calließ, R. E. Lob (Hrsg.), *Handbuch Praxis der Umwelt- und Friedenserziehung*, Bd. 3, Düsseldorf 1988, S. 667-690, beide unter demselben, auch hier gewählten Titel.